いのちの言の葉

やまゆり園事件・植松聖死刑囚へ生きる意味を問い続けた60通

最首悟
Satoru Saishu

JN023261

春秋社

犀の角のごとく歩む――手紙を書き続け、わたしたちに問う

やまゆり園事件が起きて、7年が経ちました。第一報を受けて、東京新聞のインタビューに、「八つ裂きにしてやりたい」と言いました。のちに横浜拘置所に会いに行ったときに、「八つ裂きはひどい」と言われました。東京新聞を読んだか聞かされたかしたのでしょう。「わたしもひどいと思う」と答えました。ほんとうは、「八つ裂きにしてもたりない」と言ったつもりでした。

八つ裂きにしてやりたいと言うよりも、もっとひどいことを言うつもりだったのか、それとも、八つ裂き以上の刑を具体的に言うことができないために、ひどさが弱まってしまうのか、そのところがよくわからないのです。生きながらの磔刑の方がひどいのか、でも磔刑というと殉教を呼び込みそうなので、これは言外です。

わたしは死刑に反対です。死刑より無期懲役の方が重いという解釈があります。犯したことのひどさを自覚したら、生きることは死ぬよりつらい、ということだろうと思います。自殺には死への逃避が含まれると言われます。そのことも踏まえながら、わたしは、〈責任を担って生きる〉ことの強制的中断としての死刑に反対するのです。

日本では、責任をとるという内実がありません。西欧ではリスポンシビリティとは、神に応答することができる、という意味です。わたしたちには、そのような意味合いはなく、良いとは言えないことをしてしまった落とし前、というような感じです。ただ、落とし前は自分からつけることはありません。責任は自らとることが含まれますが、自らにしても迫られるにしても、〈責任をとる〉とは、日本では形式が定まっていて、現在は、職を退く、ということになっています。

なぜ実質的な責任をとることができないのでしょうか。責任をとるとはおこがましいからです。〈ことを起こしてしまった〉は〈なりゆき〉のひとつです。〈なりゆき〉は、森羅万象がネットワークのように絡み合っている結果です。自分のしたことも〈なりゆき〉に至るひとつのことです。責任はあるのです。でも、責任をとるとなると、何様のつもりかと言われてしまいます。それで、責任は担って生きるほかないということになります。

背負っている荷が歩くにつれて、だんだん重くなってゆく、と感じられることはあるでしょう。でも、責任の場合、生きるにつれて責任自体が重くなっていく、ということが考えられます。同時に、してしまったことの言い訳もいろいろと膨らんでゆくかもしれません。でも、自分がしたことには変わりないのです。

「犀の角のようにただ独り歩め」という仏陀の言葉があります。西欧の圧倒的に多数の個人が、自分を創った創造主という一神を念頭に置いています。神の御加護を国歌にもしています。そうしたあり方に対し、私たちには山川草木から波がしらまで神が宿り、諸仏の教えがあります。それで傾聴する教えもいろいろとあります。その中で際立っているのが、縁となりゆきです。どちらも万象がつくるネットワークです。わたしたちが思い描けるのは平面か立体ですが、それを越えたネットワークです。そのような網の目をひとつひとつたどって行くことを思い浮かべます。それはまた、犀の角のようにひとり歩むようです。生きるかぎり続く歩みです。

なんだか、牛のよだれのような文章になってきました。植松青年とわたしは言っていますが、植松青年の「ひどい」という言葉に対するわたしの応答は、植松青年がよこした手紙4通への返信とともに、終わりにするキリがむずかしいのです。

植松青年が死刑の判決をうけて移送された東京拘置所気付けの手紙が、数通目から、該当者不在の印を押されて戻ってくるようになりました。植松青年への手紙は、原文そのままに、神奈川新聞の厚意と、やまゆり園事件を風化させないという意図から、ウェブサイトのカナロコに、毎月1回、1通目から掲載されてきました。

死刑囚への手紙は本人には届かない、死刑執行後家族にまとめて渡されると聞きました。ところが本人不在で返ってくるようになりました。不在のはずはありません。東京拘置所に電話をかけたところ、わかりませんという答えで、わかる部署か上司につないで下さいと言ったのですが、つなげませんという返事でした。

わたしは手紙を続けることにしました。「犀の角のようにただ独り歩め」はわたしにもあてはまるのです。今年（2023年）87歳になりました。いつまでの〈いつ〉はそう遠くないと思いますが、実生活では、『星子が居る』（わたしの本の題名です）ことで、わたしの一存にはならない、とも思っています。

最首悟　　2023年10月

いのちの言の葉

やまゆり園事件・植松聖死刑囚へ
生きる意味を問い続けた60通

最首悟

『神奈川新聞およびニュースサイト・カナロコ』に掲載した寄稿文『最首悟さんからの手紙　序列をこえた社会に向けて』

（２０１８年7月13日〜２０２３年6月13日）を加筆・修正。

津久井やまゆり園事件

2016年7月26日、神奈川県相模原市の県立知的障害者福祉施設「津久井やまゆり園」で、入所者19人を刺殺、他の入所者及び職員26人に重軽傷を負わせた植松聖。事件後、様々なメディアで発言してきた最首悟宛てに、植松から手紙が届いた。そこには殺傷にいたった動機が伺え、自身も重度の障害を持つ娘・星子と生活する最首は、植松の考えの背後にある差別と偏見に向き合い、現代日本社会が抱える病巣を、手紙を通じて問いかける。

優生思想

手紙をもらいました。いくつもわからないところがあります。わからないといっても、自分で解くしかないものもあります。解釈が複数ありそうなものもあります。さしあたり、返事を用意するにあたって、たしかめないと、書き進められない箇所があります。次の個所がそうです。

「心失者と言われても家族として過ごしてきたのですから情が移るのも当然です。最首さんの立場は本当に酷な位置にあると思いますが、それを受け入れることもできません。」

「酷な位置」とはどういう意味だろうか。同情にあたいする事情なのだろうか。非難すべき立場なのだろうか。

面会は、これから返書を送るという挨拶と、返事を書くにあたって、たしかめたいことがある、その第一は、この箇所の意味だという、趣旨というか主旨でした。

実際は同行の記者によって、質問がなされましたが、その応えは以下のようでした。

「大学で教え指導する身ともあろう者が、年金を食う、IQ20以下の心失者と一緒に暮らすとは、いかにも酷い。」

「IQ20以下」は、わたしの書いたものの関連で得た情報かもしれない、と思いました。それは、J・フレッチャーの「人の基準」の第1項目で、「最小限の知性。スタンフォード・ビネー式知能検査で四〇以下、またはそれと類似したテストで知能指数四〇以下、は人間であるかが疑わしい。二〇以下は人としては通用しない。」（1972）です。

「通用しない」と、どうなるのでしょうか。そういう可能性をもつ人の出生を阻止する、社会から隔離する、合法的な手段で死を与える、というようなことが考えられます。人が体力的に知的に次第に優秀な者になっていく、そのように努める、それにはどうしたらいいか。そのようなテーマを深め、役立つ手段を考え、研究する学問を「優生学」といいます。そして学問といわず、そもそも学問の結果として、あるいは学問のそもそもの下地として、一般の人々が抱く、そのような考えを「優生思想」といいます。

「大学」というエスタブリッシュメント（権威ある体制）は優生学、優生思想の批判も行います。しかし、大学の存立基盤、大学のよってきたる所以は、そもそも優生思想なのだという指摘が大学内外にあります。「選抜」「選良（エリート）」は優生思想に発しているのです。

「障害者」という名前、呼び方も優生思想に発しています。ふつうの社会人ではなく、なんらかの処遇、保護、隔離、介護を要する人です。広義の障害者には、「脳死者」も含まれます。脳死者の心臓は機器によって動かされていますが、脳死者は死体です。ただし脳死は死と決めた限りにおいてです。どうしてそのような規定がなされたかというと、心臓移植によって助かる人がいるからです。このことの連想、類推から、健康な重度の障害者も臓器を提供することで役に立つという考えや、単に死ぬということでも貢献できるという思いも生じるでしょう。

優生思想は本能に近いという人もいます。生存本能です。社会的には、合理的で、現実的、能率的な不適者排除です。「働かざる者食うべからず」は近代社会の鉄則です。日本では20世紀の後半から終わりにかけて、それは別の言い方で表現されました。「情けは人のためならず」です。「情けをかけるとその人のためにならない」という解釈が過半数を超えたのです。

大学は優生思想の上に立っていて、「より高くより速くより強く」を研究し、教え、指導する。その教員が優生思想を批判したり、あまつさえ自分の子どもとはいえ、劣悪者を育てているとは酷くないか。

みんな優生思想を内心でもちながら、社会的には強制不妊などを告発したりして、国家賠償を請求したりする、無能者を保護する、その偽善、矛盾が千兆円の借金となり、社会を行き詰まらせているのだ。

こういう主張は社会の現状に対するプロテスト、抗議でないとはいえません。世迷い言として無視するわけにはいきません。

ではわたしはどうか。本当のところ、わからないのです。そしてわからないからわかりたい、でも一つわかるといくつもわからないことが増えているのに気づく。すると、しまいにはわからないことだらけになりはしないか。そうです。人にはどんなにしても、決してわからないことがある。そのことが腑に落ちると、人は穏やかなやさしさに包まれるのではないか。そういう営みを「問学」とする。

面会では、わたしは「問学」をやっていると自己紹介しました。次信以降、人権とか、人ではない人間とか、問題はひろがっていきますが、さしあたりは心失者という人間がいるかどうか、という問題に取り組みます。

心失者

心ない言葉とは。つれない言葉、態度を連想します。つれないとは冷淡、無情という意味ですが、もともとは連れがないという意味で、関係がない、変わりないということのようです。芭蕉の「あかあかと日はつれなくも秋の風」を思い出します。変わらず無情とも思われる酷夏にも秋がしのびよっているのです。

もうひとつ、心のこもっていない言葉という意味では、その場の事情にかかわりなく、機械的にいう、マニュアルどおりの言葉というのがあります。

その場の判断ができない人、空気が読めない人を無神経な人と言ったりします。でも神経がないわけではないのです。それと同じで、心ないといっても心がないわけではありません。では心がないということはないのか、というと急に話が複雑になってきます。それは、人間以外のものに心はあるかと思う時からはじまります。

「心失」は心を失う、心が失われる、という意味かと思われますが、そういう言葉はなく、たぶん新語です。では失心はどうか。ふつうは失神といい、失心はまちがって使われた可能性があり、まず使われません。失神とは、正気が一時的に失われた状態で、脳神経に支障をきたしたことで起こります。

脳神経は意思疎通にかかわって、表現手段の役割を担います。脳神経のはたらきがほとんどなくなる段階では、表現は単純になり、ひそかな、ほのかなサインになります。おむつを替えるとき、ひそかにお尻が持ち上がる、問いかけられてまぶたがほんのすこし動いた、顔色がほのかに赤くなった。これらのサインは接する人ほとんどがうけとることができます。そして、お尻が持ち上がる気配がしたとなると、見過ごす人が出てきます。

さらに、何のサインもない、気配もない状態で、心が通じるということが起こります。それは錯覚で、思い過ごしや願望にすぎないという見方もあります。それはあるさ、と人は思います。でもそれだけじゃない、と人は思います。人と書きましたが、これは支えあう二人の形を表した字で、人の単位は二人ではないかと思わせる字なのです。

もう一つ、同じ場にいることが大事という意味をもつ、人間という言い方があります。場という考えはむずかしいのですが、引力が伝わるということを考えると少しわかったかのような気持ちになります。物どうしに互いに働く引力はどんなに離れていても瞬時に伝わります。それは場を通じて力が働くからです。それと同じように、心は場を通じて通い合うとすると、心は通じ合うという直観に一つの説明を与えることになります。

お互いに人間だと思う人が二人居て、一方の人が表現手段をまったく断たれたとき、もう一方の人が心に感じることのなかに、相手の思いが混じっていて、交じっていてといった方が適切だと思いますが、しかもそのことを意識しないで、自分の思いとして、ああ、この人はいま抱きしめてほしいと思っている、などと思う事態が起こるのです。いや、起こらないとは限りません。

人間は表現手段を１００パーセント失われても、それで心がなくなったとは言い切れないのです。ただ、心が離れた、離脱したという意味で心がなくなったという場合があります。「心」という漢字は心臓の形象ですが、和語の「こころ」の始まりは、胸のあたりを指していう「ここのところ」だという説があります。死ぬと心は離れていくというのも根強い考えですが、いつ離れるかというとはっきりしません。さらにそこから先は、いろいろな説があります。大いなる心へ還っていくというのも一つの見方です。

結論的にまとめると、心失者という人、人間はいません。心失者のような人という言い方は可能です。ではどのような人か、ということを次に考えたいと思います。

植松からの返信

2018年8月22日付で植松被告から初めての返信。〈最首さんは「安楽死」ではなく「与死」と云ったり「心失者」はいないと主張されています。私は、はじめ「化け者」と呼んでいたのですが、それでは遺族を傷つけると配慮から考えた言葉で、それが気に入らないなら好きに呼んで貰ってかまいません〉（原文まま）という一節が。

化け物

心失者という、すなわち、心を失った人という人はいないのではないか、について書きました。そして、では、「心失者のような人」とはどういう人か、考えてみる、ということになりました。

ところが、心失者は、〈はじめ、「化け者」と呼んでいた〉のだが、それでは〈遺族を傷つけるという配慮から考えた言葉〉だということで、「心失者のような人」について考える前に、「化け者」について考える必要が生じました。

「者」を「もの」と読む場合は一般的な人を指します。「しゃ」と読む場合は、特定の人の意味になります。「物」は「もの」と読んでも、「ぶつ」と読んでも、意味する範囲はひろく、例えば「人物」は人なのですが、「鉱物」や「好物」、あるいは「食べ物」は明らかに人ではありません。

では「ばけもの」はどう書くでしょうか。「化け物」であって「化け者」とは書きません。ただ、「化け物」の「物」はいろいろな「もの」であって、「者であって者ではない」という複雑なニュアンスも抱えることにもなります。

化け物は人の場合、理不尽な扱いを受けて死んだり、すさまじい殺され方をした人が恨みや憤怒の気持ちを表し伝えたい、ということで出現する変化《へんげ》の姿を言います。姿だけではなく、触れられて、その冷たさにぞっとする場合もあります。姿は実体がない場合があり、例えば影がそうです。影は実体・本体が動けばそのように動くものです。

ところが、本体は動かないのに影が動くということを、人は想像したりするのです。「旅の夜風」という、映画（『愛染かつら』1938）の主題歌（西条八十作詞）があります。その歌詞に「男柳がなに泣くものか／風に揺れるは影ばかり」とあります。そのように言わざるを得ない、あるいは、そのように言い表したい人の気持ちというのがあるのです。西城八十は映画の主人公の男の心情をそのように思いやったのです。

化け物や幽霊はすべての人に見えるわけではありません。身に覚えのある人に姿を現すのです。「身に覚え」のなかには、化け物や幽霊が頼る、期待する事柄も入っています。つまり、直接危害を加えた人のほかに、仇を討ってほしい、恨みをはらしてほしい、と頼める人にも姿を見せるのです。

化け物には妖怪が含まれます。妖怪となるとお化けと言います。水木しげるは、妖怪は千種類という説を唱えました。愛嬌のある妖怪、お化けも多く、子どもたちを対象とする『妖怪ウォッチ』では、悪さをする妖怪はいません。

すこしばかり化け物について述べました。生きている人を化け物とはふつうは言いません。そして化け物を殺すという言い方は失当です。あてはまりません。化け物はそもそも殺せないのです。実体ではないのですから。怪物はどうでしょう。怪物とは人を指して言う場合、常人ではない優れた能力を持つ人のことを言います。

「心失者」という人はいませんが、「心失者のような人」という言い方は可能です。それと同じく、「化け物」という人はいませんが、「化け物のような人」はいるかもしれません。それは、ある人を指して、「心失者」と言い、「化け物」とする人の心の投影だからです。

ファイヒンガーという哲学者が1911年に著した『かのようにの哲学』という本があります。森鷗外は早くも1912年に、その考えを紹介し、援用しようとした『かのように』という短編を書きました。事実や事実から抽出した法則は、すべて人が考え出した虚構だというのです。事実は、事実と目されることにどれだけ多くの人々の同意があるか、によって成立するのです。

次回は「化け物であるかのような人」とはどんな人か、そのような人がいるという考えに、どれくらいの、どのような同意があるのかについて述べたいと思います。

心象が姿をあらわすとき

化け物、妖怪は実際には存在しません。二人の人がいて、その一人が「あそこに化け物がいる」と叫んだとします。すると、もう一人が「どこに？　何も見えないけど」という。

では、最初の一人は嘘をいったのかというと、そうではありません。投影された心象といいますが、心に生じた像とか、目を閉じたときに見える像が、外に移行して、そこに確かに見えたのです。心象はその人が過ごしてきた人生や体験から出てくるので、他の人と共有することができません。それで他の人にはまず見えない、ということになるのです。もっとも手をつないで輪になって念ずると、ＵＦＯがみんなに見えるということで、話は複雑ですが。

土葬の墓地での火の玉のような、それが物理・化学現象であれば、それは共通に見ることができますが、それに尾ひれをつけるのは人の想像力によります。

化け物のような人は人です。怪物についてはあの人は怪物だといったりします。すごい能力の持ち主についていいます。野球では怪腕といったりします。怪人という言い方もあります。

化け物の場合は、あの人は化け物だとまず言いません。化け物のようだとか、化け物のような人だと言います。

どのような人かというと、火傷を負ったり、病気や怪我、事故などによる容貌や容姿が変わったり、欠損したりした人です。

どうしてそのようになったか、その原因をたどると、とても化け物のようだと思ったり、口にすることはできなくなります。それで、化け物のようだと口走ったりするのは子どもだ、という通念が生じます。子どもは自分の発する言葉が、いかに相手を傷つけるかについて思いが回らないのだ、というのです。それはそうなのだろうと思います。でも、囃し立てるとなると、相手の反応が起きるのを、それがどのような反応であるかを問わず、面白がる、ということはあると思います。

子どものすることなすことは、みんな大人の真似なのだといわれます。そうだとして、その上で、大人は子どもの性質を受け継いでいるともいいます。あるいは人の本性の根幹部分はずっと保持されるともいいます。

その根幹のひとつとして、好奇心が挙げられます。好奇心は変化と連動しています。『ゴドーを待ちながら』という戯曲があります。いずれ触れる機会があると思いますが、そのゴドーを変化に替えて「変化を待ちながら」過ごすのが人である、といえそうです。何かちょっとしたことでも笑うのは赤ちゃんの特性ですが、それは感性の瑞々しさの表れなのだといわれます。

子どもは変化を待ち、変化を求め、そして変化を起こそうとします。漠然とした好奇心をひとつの具体的な疑問にしようとするのだともいえます。「なぜ?」が独立すると、面白いゲームのひとつとして、親にたいする執拗な問いかけが始まったりします。親は音を上げて「神様の思し召しだ」とか「いい加減にしろ」とか「自分で考えろ」とか怒鳴ります。大事なゲームです。小学校の算数の時間などで、「わかりましたか」と先生にいわれて、「はーい」と答えながら、わかっていないんだけど、とつぶやくのと同じくらい大事なことです。

箸が転んでも笑う年頃といいますが、赤ちゃんからハイティーンまで、なんであれ変化が起こることが好ましい、それで待つばかりでなく、変化を仕掛けてゆく。いたずらもそのひとつですが、なかには、子どもは残酷だと規定されるような振る舞いもあります。また変化が起こるまで仕掛け続けるということも起こります。いじめはその最たる振る舞いです。

ただ子どもの残酷さには、あざけりや蔑みの気持ちは基本的にありません。アリを平気でつぶしてまわるというのも、動かなくなる変化への興味が主で、殺しまわっているわけではないのです。では大人の場合はどうでしょうか。次回の返信では、嘲笑や蔑みの前段階の、不快だとか、報いだとかいう、気持ちや考えについて述べたいと思います。

不快感

不快は、不快感というように、主として、感覚から生じる感情です。感覚は五感と言いますが、中でも匂いと味が不快に大きく関係します。この匂いはいやだ、この味はまずい（不味い）という気持ちが起こって、その原因となると思われるものから、離れたり、避けたり、吐き出したりします。場合によって、いのちに関わる危険に通じるので、不快感は重要な知らせです。

暮らしの中では、食物の匂いの他に、口臭や髪の毛、腋臭《わきが》、垢や加齢臭などの体臭、そして排泄物の匂いが気になります。異性を惹きつける匂いは大事ですが、フェロモンのように、匂わない匂い物質もあります。

食物では発酵と腐敗が欠かせません。どちらも微生物や細菌の営みによるもので、主として発酵は糖質の分解、腐敗はたんぱく質の分解なのですが、腐敗のアンモニア臭は強烈です。世界一臭いといわれるスウェーデンのニシンの塩漬けの缶詰「シュールストレミング」は、開けると目は痛くなるし、匂いは下水道とか、昔の公衆トイレのようだといいます。とても口に入れる食物とは思えないというものの、珍味なのです。

匂いにかぎらず、汚いもの、汚れに敏感な人は潔癖性と言われますが、高じると潔癖症という病気だとされます。過度の朝シャンとか、娘の自分のものと父親の下着は一緒に洗わないというような現象は、人間関係のあり方まで含んだ拒否の表れです。

問題は大便です。小水と並ぶ人の排泄物ですが、なかなか直截に言えず、幼児言葉での表現も抵抗があります。それで、ここでは、イギリスの宮殿の大時計はビッグ・ベンと呼ばれるのですが、ビッグ・ベンてなんのことだと思う?と聞いてみたら、大便のこと?という答えが返ってきたことがあるので、ビッグ・ベンとしようかと思うのですが、冒涜かもしれません。それで必要な時はビッグ便と言ってみます。

ビッグ便は、科学研究上で言えば、腸内で100兆個と言われる大腸菌叢《そう》の問題がいちばんですが、その研究はまだ幕開け状態で、それでも人の一生に関わる重大な影響が報告され始めています。

日常の生活では、まず排便に滞りがないか、硬さ柔らかさはどうか、色は、匂いは、が問題です。睡眠は3日寝ないと命にかかわるといわれますが、便秘は102日の記録があるそうで、それにしても大変な苦しみだと思います。我が家の42歳になる娘は1日2食ですが、だいたい1週間か10日に1回排便します。

ビッグ便の色は胆汁の色です。胆汁が来ないと白便になります。菜食穀物食では黄褐色、肉食が多くなると濃褐色になる傾向があります。硬さ柔らかさは一概に言えません。でも草食の牛糞や馬糞を思うと、肉食の方が柔らかいと言えます。

問題は匂いです。ひと言でいって臭いのです。食べたものや身体の状態によって我ながら辟易することがあります。介護の資格を取ろうとする過程で実地に臭さに出会って、到底耐えられないと諦める人がいます。ただ慣れということがあります。いい面にも悪い面にも働きますが、順応にも適応にも大きな役割を果たします。ホームレスだろうとつい思ってしまう人で、頭の毛は固まり、手足も垢だらけの人に出会うことがあります。でも本人は匂いに慣れて、すれ違う人が鼻をつまんだりしたら不快に思うでしょう。

我が家でも10日か1週間ごとに大騒ぎです。大量のビッグ便を紙おむつに出します。半分くらい出してトイレに座らせて残りを出すこともあります。窓をみんな開け放ったり、紙おむつのビッグ便を詰まらないように幾つかに分けて流したり、風呂に入れたり。でも、陽気な気分が漂います。よかった、よかった。そして本人は気持ちよさそうに寝入ります。

よいこともあります。流すためにほぐしたりしていると、そのまま出ていることに気づいたりすることです。ご飯は自分で食べず、そして噛まずに丸のみという状態なので、刻んで食べさせるのですが、トウモロコシやこんにゃくなどは丸ごと出てきます。

生命の糞

昆虫・動物の糞について3つばかり話します。蚕の糞は蚕沙《さんさ》と言われ、古くから肥料や家畜の飼料に使われてきました。糞のほかに食べ残しの桑の葉も混じっています。漢方薬にも用いられてきました。今の私たちの暮らしにかかわる利用としては、抹茶アイスクリームなどの着色があります。葉緑素の鮮やかな緑です。最近、着色だけでなく、ヘルシーを兼ねた蚕沙クッキーのことが話題になりました。熱を吸収する効果があるという、蚕沙を2キロ近くも詰めた快眠枕という商品もあります。

ウサギは自分の肛門に口をつけて軟便を食べます。生きてゆくために不可欠です。軟便は食物が盲腸で発酵したもので、ビタミンやたんぱく質を多く含みます。もうひとつ、ポロポロした硬便も出しますが、これも食べます。もう1回かみ砕いて盲腸で発酵できるようにするためと言われます。金魚は餌を多く与えると未消化な糞を出し、餌がなくなるとその糞を食べるということもあります。

コアラはユーカリの葉しか食べないのですが、子どもにはユーカリの葉を消化し毒性物質を分解する微生物が棲んでいません。それで母親がウサギと同じように盲腸で発酵した軟便を離乳食として与えます。ビタミンを含む栄養や分解酵素を出す微生物を与え、移植するのと同時に、ユーカリの味を覚えさせるのだと言われます。

ヒトでは煮炊きの処理が加わるため、食物は格段に消化しやすくなっているため、雑食であることも含めて、微生物・細菌の棲み場所である盲腸が退化したことで、腸全体の細菌叢《そう》の分布や役割、効果が問題になります。近年その実態の解明は大きく進んだと言えますが、まだ端緒の段階とも言えます。しかし今までの考え方が大きく変わるのは必定で、それはヒトは40~60兆の細胞と千兆に及ぶ腸内細菌フローラ（叢）との共生体だということです。ヒトの寿命や肥満、精神状態に腸内細菌のあり方が大きく関わっているのです。

まだ原始的ですが、健康な人のビッグ便を生理的食塩水に溶かして、繊維などをろ過した後、鼻や口、そして肛門からチューブで腸内に注入します。すると末期状態の人の生存期間が延びたり、鬱状態が治ったりします。いまはいろいろと良好な結果が積み重なってゆく真っ最中です。便移植療法と言われますが、臓器移植で、比喩的であれ、栄養物の摂取という言い方の関連で、臓器の取り入れ、摂取という言い方がされたりします。そして摂取は意味合いと連想から摂食につながり、ひと様の臓器を頂く、摂食するという言い方も登場します。便移植療法でも、健康な人のビッグ便を食べるという思いが湧いてきます。

私たち、とりわけ日本列島人の場合、水に恵まれた環境のなかで、潔癖な性分を育ててきたこともあって、ビッグ便はまず汚いという思いがします。ただ、その思いは教育によって強化されるということが大いにあります。もちろん、日本列島人特有のケガレ感という下地があって、自分の箸、茶碗にこだわり、家族であればよけいに自分以外の物は使わない強い風習、習慣があります。

そのようなケガレ感とあいまって、子どもにビッグ便は汚い、触ってはいけないということが躾けられます。そしてその不潔感は、ここ数十年の水洗トイレの普及や消毒・殺菌剤の常備につながり、無菌で暮らすというありえない過剰な衛生思想にとりつかれるという事態にまでなっています。

ところが、子どもはあいかわらず、うんち・うんこが大好きです。自分から出たもの、自分がつくったものとして、不思議がると同時に、大事にするという思いが深層で働いているのではないかと言われます。「ばっちい」と言います。「ばばっちい」の短縮と言われますが、「ばば」はビッグ便のことです。子どもは臭い、嫌な匂いということと併せて、大人の教えを受け入れていきます。大人の言うことには歴史を重ねた知恵が含まれているという、これも深層の無意識の働き掛けもあってのことです。

その裏返しというか、密接に関連して、子どもはうんち・うんこが好き、興奮もするという深層意識も、元の場所に抑えられ押し込まれ、蓋をされますが、消えはしないということがあります。

認知症は病気なのかという議論があります。加齢に伴うさまざまな現象は不可抗力的な自然現象だという見方があるからです。さまざまな現象のなかに退行があります。子どもに還ってゆくのではないかという指摘です。その帰還現象のなかに塗便や弄便があります。塗便は自分のビッグ便をペンキや絵の具のようにして壁に塗ります。弄便は玩具や宝物のように扱うことです。塗便や弄便は後始末がたいへんという意味を込めた介護用語ですが、その行為を受け入れて、褒めたりすると、当人は無邪気に喜ぶということが起こります。

同質療法と偽薬効果

私たちは明快なことを好むといいます。七面倒くさいことは避けるのです。例えば、生きているか？と問われたとき、「えっ」という答えが単純明快です。答えや身振りがないときでも、息をしていれば、生きているとみなします。それ以上はあまり深入りしたくないのです。でも身体に不調を感じたり、痛んだり苦しくなると、なぜ？という思いがやってきます。単純明快なことでないことがやってきたのですが、でも、やっぱり単純明快に対応処理したい。これは何々のせいなのだ。そしてその原因への対処に効き目があると、それが受け継がれていくということになります。

医療について、中国四千年の歴史と言われますが、科学によってその機作（生物学では機械のメカニズム、作動の仕組みを機作といいます）が証明された薬や治療法も少なくありませんが、依然としてわからないものは多々あります。針や灸のツボ（経絡）はその代表ともいえます。

ほかに、わからないけれど効き目があるという療法を二つ取り上げます。ひとつはヨーロッパのホメオパシー、ひとつはアメリカのプラセボ効果です。ホメオパシーは同質（同種）療法と訳されますが、病気や症状を起こす物質が同時に病気を治す力を持つと考え、その物質を薄めて飲むと病気が治るという療法です。その希釈度がすごく、もうその物質の分子さえ残っていないくらいに薄めます。病気ごとのその物質をレメディと言います。ドイツでは薬局を二つに分け、その一方でレメディを扱うという薬局があり、常備薬セットを備えている家庭もあります。科学上と言わず、ただの水ですから効くはずがないのです。それでも効くのです。そうすると、それは偽薬効果だという他なくなります。そして偽薬とはプラセボのことです。

偽薬とは、薬としては何の効果もない砂糖のような物質で、ただ、特効薬だと言われて飲むと効く物質を言います。最初は、効き目があるという人の問題だとされました。信頼するお医者さんにそういわれると効くのです。そのうちに権威とか忖度も問題になってきました。医学部のある教授が二日酔いの薬をつくって、自分が教える医学生にその効果を確かめたところ、確かに効きました。でもその薬は認められませんでした。その医学生に効いたほどの効果が再現できなかったからです。その医学生たちには、教授の権威への信頼と、その権威を失墜させてはならないという思いと、効かなかったと言ったら教授に睨まれて、自分の将来が危ないという保身などが働いたのです。

こういうことが重なって、二重盲検テストという新薬を承認する際の審査方法が制定されました。被験者に薬を渡す人がそれが新薬か偽薬かわからないようにしたのです。ただ、がん末期の患者にこういうテストをするのは、倫理上問題があるということで、このようなテストを一律に行うことはしなくなりました。新薬が有効なとき、偽薬に当たった人は見殺しにされたともいえるからです。

しかし、偽薬が効くとはどういうことか、という問題は残っています。それで、アメリカで、一歩踏み込んだ試みがなされました。これは偽薬ですといってしまうのです。そして、そのようにして服用してもらった結果のデータを示します。それは統計的に効いたという嘘ではない結果なのです。そして患者が同意して服用すると効くのです。

病は気からといわれますが、回復も気からと言えそうです。プラセボ効果は、さらに、「傍に居る」療法へ発展します。例えば、初めて出産する初産婦は出産日が近づくと精神が不安定になります。そこで、子どもを産んだことのある経産婦を派遣して、同じ部屋に居るようにすると、初産婦になる女性の気が落ち着くというのです。経産婦の女性はただ傍に居るだけでよく、勝手に編み物などして、話しかけたりしなくともよいのです。

西欧医学では、打つ手がなくなった、匙を投げた患者に医師はどうするか、という問いに応えて、医師自身を治療と化すのだという言い方があります。どういうことかというと、患者のベッドサイドに、ただ座っているだけだというのです。

ひとつ、1996年のミラー・ニューロンの発見を付け加えておきます。何かしようとするとき、脳のある場所の神経細胞が活性化します。そしてそれを見ていた者のちょうど同じ場所の神経細胞が活性化するというのです。鏡に映った場所のような神経細胞です。何かしようとしているその動作の理解や、共感に関係するのではと言われています。ベンチに並んで座って、同じ方向をぼおーっと眺めている、そのときの穏やかな安らぎを連想します。

無意識を書こうとして、そこまで至りませんでした。

ペンフィールドの脳実験

自分のことは自分がいちばん知っている、と誰しもそう思います。お前は自分で自分のことがわかっていない、この親がいちばんわかっているのだ、と言われるとカチンときます。まして先生や上司、大人に言われると、反発は強くなりましょう。どうしてそう思うのでしょうか。ひとつには秘密ということがあります。鶴見俊輔という有数の知識人は、「わたしの秘密は神にも知られない」と言いました。神はお見通しという、相当に強い通念に立ち向かう、というか、複雑多様な個人の唯一無二性を言いたかったのかもしれません。

ひとに知られない秘密があるとして、では、わたしが知らないわたしの秘密はあるのでしょうか。もうすこし広げて、わたしが知らないわたしについての記憶というのはあるのでしょうか。ある、ということが示されました。

ペンフィールドという脳神経外科医が1933年、てんかんの治療の開頭手術の際に、女性患者の脳に電極を当てて、電流刺激をしました。すると、あ、川のほとりで男の人と会っています、と言いました。別の箇所を刺激すると、今度は、ああ、「田園」が聞こえると言いました。前者は、家族がそういうことが実際にあったと証言しました。後者はベートーベンの第六交響楽ですが、多くの人が、ああ、と思う主旋律が聞こえたのでしょうか。トスカニーニという指揮者は、頭の中の総譜にしたがって指揮をする、と言ったそうですが、オーケストラの音が全部頭の中で聞こえてタクトを振る指揮者もいるかもしれません。

ペンフィールドの試みは、自分では全く覚えていない記憶が、何らかの手段やきっかけで蘇ることを示しています。すると、わたしたちの脳には、見たり聞いたりしたことがすべて記録されているのかもしれない、という考えも生まれてきます。そしてさらに、記憶はそのような記録のほんの一部ではないのか、という思いも生じてきます。わたしたちの意識は、五感で感じ受け取る現在の外界の情報と記憶が組み合わさっていますが、意識に浮上してくる記憶はほんの少しなのではないか、ということです。

わたしたちは、夢を見ます。うなされたりします。金縛りにあうということもあります。フロイトは夢をいろいろと調べて、わたしたちの意識は氷山の一角だとしました。

海面に表れている氷山は全体のごく一部分なのです。つまり、私たちの意識は、どこか深いところ、深層にある膨大な無意識のほんのすこしが表層に浮上してきたのだ、というのです。そして無意識が人を支配していること、無意識は思い出したくない嫌な記憶を押し込めたものだとしたのです。フロイトに続くユングは、無意識は個人の押し隠した意識だけでなく、人に共通の太古からの歴史的な集合的な堆積もあるとしました。

わたしたちが考えたり行動したりするおおもとの根拠は、わたし特有の無意識と、わたしの育った風土がかかわる無意識、さらには人類一般の無意識に基づくというのです。この考えにわたしたちはどれくらい愕然とするでしょうか。一応の答えでは、わたしたち日本列島人はあまりびっくりしません。しかし西欧人となると、大変なショックだったといわれます。ダーウィンの進化論（１８５９）は、類人猿と人類の連続性を指摘して、身震いするほどの衝撃を西欧人に与え、いまでもその考えの拒否が続いてます。フロイトの無意識の支配の指摘はそれに続く大きなショックでした。

西欧では、自分について、理性的な尊厳ある自律（自立）した個人という考えが、普遍的な絶対神への信仰のもとで、人は神の似姿という考えとともに、確立してきました。明晰で理性的な自己、なにものにもとらわれず合理的な判断ができる個人という、その規定が崩れたのです。

21世紀の今、無意識の問題は続いています。続いているというよりは、いっそう大きくなっているといってよいと思われます。それはわたしたちの判断や決定に際して、不安や心配やためらいを大切にして、時間をかけてそれらの思いに向き合うということをせずに、自分の思いとは切れた、事実に基づいた客観的合理的な科学的判断を重んじ、頼ろうとするからです。振り返ると、権力や権威に左右されずに自律的な個人を育ててゆくことが、科学という営みを推進してゆく大きな原動力でした。しかし、無意識の支配ということが登場してくると、個人という概念は大きく揺らいで、その立て直しのために、今度は科学の支配に身をゆだねるという事態が起きた、といえます。

そして、知は力である科学は技術と結びつき、さらにお金という力と結びついて、強大な非情な力となって、人を支配するようになったのです。権力というと、いくら非道でもなにか人間くさいところがあると思いますが、科学やお金の力となると透明で憎むなどという余地がないようです。それが今、いちばんの問題です。

月がおのれかおのれが月か

客観は素直に受け取ると、お客をよく見ること、というような意味が浮かんできます。お客は訪問者で、お客さん、お客様という言い方には、よくおいでになった、おもてなしをしなければ、という気持が込められています。では、過客とは、という問いが浮かんできます。訪問客といいますが、訪《おと》ずれる、訪《と》うという読み方から、訪も問も同じ意味だということがわかります。

訪問客とどうして言わないのかという質問に、たいていの家には門がないからだ、秀逸だかなんだか、という答えがありました。お客、訪問客、問、疑問という流れで、過客が出てきたのですが、これは芭蕉の『おくのほそ道』の冒頭にあるように、通り過ぎる人、旅人という意味です。過という漢字は、四角い石につかえて止まった足で、客は屋根の下、家にとまった人、という意味だそうです。まあ、そのようなわけで、客という字をみていると、問うとか立ち止まるという思いが湧いてきます。

話がずいぶんずれてきたようですが、主観と対をなす客観は、明治時代の翻訳語ですから、私たちがきちんとその意味や定義を消化しているかというと、心細いのです。客観は理性的な態度が前提にあり、理性的とは主として合理的ということです。理性的、合理的とは、私情をはさまず、善悪の価値判断をせずに、虚心坦懐にものごとを見たり、処理したりすることです。例えば、鉛筆を机の上に置きます。そして私との関係をすべて切って、鉛筆ということも知らないことにして、単なるモノとして、眺めるのです。そして次に、これはなんであるかという問いを発します。そして自分の持っている知識を次々に引っ張り出して、筆記用具の鉛筆であるとします。自分が置いたのですから、当たり前なのですが、部屋に入って机を見たら鉛筆があったという場合には、頭の中を駆け巡って、これは鉛筆だという結論を得るのです。

今、結論を得たと言いましたが、実は、これはなんだという問いを発したところから、客観を離れて、判断という主観の営みが加わっているのです。すると客観とは、私とはちがう、私とは関係がまったくないモノがそこにあり、そのモノが私に見えている、そのことにすぎない、そのことにつきるということなのです。

それだけのことに、なんでそんなに説明する必要があるのか、と思います。すると、川端康成が、1968年ノーベル文学賞の受賞講演で、月がおのれかおのれが月かという明恵上人の想いを述べたことが思い浮かびます。実際には、「月を見る我が月になり、我に見られる月が我になり、自然に没入、自然と合一してゐます」といったのです。関係の極致としての合一、一体化を指摘したのです。もっとも自然も明治の翻訳語で、それまでの「じねん」と呼ぶ自然とちがいます。「じねん」は天然色の天然に近い意味です。川端康成は西欧と東洋、日本は根本的に違うということをいったのです。

キリスト教文化圏の西欧では、ゴッドとヒューマンとネイチャーはそれぞれ断絶しています。人は神になれない。そして、魂を持つという点で自然の存在ではありません。ただ神は自分に似せて人をつくった、人は神の似姿であるという点では、神と密接な関係があります。自然も神によって創られたのですが、人に対するギフトであり、人はその管理と保護の義務を有するのです。動物愛護の精神にそのことが現れています。

人と自然は断絶している、そこに人の尊厳があるという考えは、西欧の人々が生きていく上で、強い〈よすが〉だったといえます。そして1859年、30年もあたため公表をためらってきた進化の考えを、ダーウィンが発表しました。ヒトはサルから進化した——その衝撃は私たち、東洋人あるいは日本列島人にはわかりません。その衝撃の強さは今でも、とくに米国の世論調査に示されます。4年ごとの最大大手のギャラップの調査では、21世紀になって、比率はずいぶん増えてきたものの、ダーウィンの進化論を信じると答えた人は40%弱です。

ローマ教皇の発言は、私たちにはわからない大きな影響を西欧の人たちに与えるのですが、1996年、教皇はダーウィンの進化論や科学をあながち否定するものではない、という見解を発表しました。身体については進化を認めるという流れです。源は17世紀前半のデカルトの心身二元論です。魂と体は別もので、脳の松果体というところで触れ合うとしたのです。科学は体の成り立ちなどを扱うけれど、それは魂と関係がなく、機械をいじるのと同じだから許してもらいたい、としたのです。日本語ではものとモノを区別します。魂と体はものだが、体はモノだというような言い方をします。時計などと同じく体の仕組みを調べるために体というモノをバラバラにしても魂というものに影響は与えないという見方です。モノは客観的に観ることができます。

「場」と「間」

モノは客観的に見ることができる。すなわち、そのモノを利害や好き嫌いを離れて、自分とは無関係に、冷静に見る、ということができる、ということです。冷静にとは、合理的にとか、理解とか、科学的にとか、数学的に、というような処理の仕方に通じます。科学的にということと、数学的にということはほとんど同じ意味で使われることがあります。

自分と無関係に、冷静に、ということが大事なのですが、はたしてどんなもんだろう、というような曖昧な思いが湧いてきます。例えば、そこに石があるとします。石があるなあ、それだけのこと、そこを通り過ぎる、もう石のことは忘れている。ではそこに犬がある、犬があるなあ、はどうでしょうか。少なくとも日本語では、犬があるとはいいません。逆に石がいるともいいません。桜の花が咲いているといいます。この「いる」は状態をさします。「犬がいる」の「いる」は、犬を見る自分とその犬との間に、見るだけではない関係があることを意味します。その犬が襲ってくるかもしれない、ついてくるかもしれないなど、自分に直接かかわる事柄が「いる」に含まれていて、そういう「いる」を漢字で「居る」と書きます。

桜だってそうだ、どうして桜は居るといわないのか、そう思う余地はいっぱいあるのですが、桜は動かないので、自分から、見る私の方に近寄ってこない、あるいは去っていかないということが、大きな違いに思われて、動く生きもの、すなわち動物と分けて、「居る」という表現は使わないことになったと考えられています。それでも桜はあるとはいいいません。桜が存在するという言い方がないのです。桜はもっぱら状態をあらわす「いる」を使います。その中に自分で動く、移動する意味を含んだ「居る」が浮上してきたと考えられます。

じゃあ、自動車はどうなんだといわれると、自分では動かない他動車なので、自動車が居るとは言いません。じゃあ、ロボットはどうなんだと言われると、これは難物です。ロボットが居るとは言わない、とは言い切れない。ここが大問題です。避けては通れない問題だということを確認しておいて、「居る」という表現にもうすこし関わります。「居る」という言い方は欧米にないといわれます。それは関係性が組み込まれているからだといわれます。欧米では何々が存在するということがまずあって、それから次々にその何々はどのようにあるのかを説明していきます。「居る」は、すでにどこにあるかを含んでいて、場所とか場がくっついているのです。そしてさらに場合もくっついているのです。場合は状況という意味合いですが、少し立ち入ると具合であり、具合の合計が都合になります。「万障お繰り合わせの上、ご出席ください」という丁寧かつ強い口調の招待がありますが、どうしても都合のつかない場合があるのです。

「居る」が居る場を含み、場がその場の関係のあり方を示すとき、場を関係場といいます。場と急にいわれると、すごくむずかしそうですが、電磁場といわれると、むずかしいながらも電気や磁気がおたがいに関係しあって、生まれたり消えたりする舞台みたいだなあと思います。それで場を生成関係場というときがあります。野球場や劇場では、選手や俳優が観客と濃密に関係しあって、興奮や感動、落胆や悲しみが生まれます。

居るというとどうしても場が伴い、場というと「間」が出てきます。時間、空間であり、世間であり、中間であり、仲間であり、そして一間、二間の距離をあらわす単位です。仲間の「間」は間柄の関係を表しています。「人間」はどうでしょうか。なんとも思わずごくふつうに使っていますが、考え出すと実に不思議です。人を指して人間という。ふつうに使い出したのは明治からのようです。もとは人間（じんかん）と言い、「人の棲む場所」を意味しました。

それが人を指すようになった移行期は中世か、とされます。その末期、織田信長が謡曲の「敦盛」のなかの「人間五十年、下天の内をくらぶれば」を「本能寺の変」で謡い舞ったかどうか、事実ではないようですが、「人間」を「じんかん」というのは確かです。意味は人の寿命、人生です。それが「にんげん」という人の意味で使われるようになったのは近世で、井原西鶴の文に出てくると指摘されます。そして明治の近代化の中で一般に通用するようになりました。

その事情としては、マンやヒューマンを翻訳するのに、人よりもまだあまり使われていないことや、格式ばった感じになるというようなことが想像されます。しかし、人間は「場」と「間」を介して「居る」という言い方に密接に関わり、そして「居る」という言い方は西欧にないのです。ですから、西欧の翻訳書の「人間学研究」や「人間の探求」などは、果たして「人間」を扱っているのかという疑問が生じます。

神と人間

人間という言い方はたいへんおかしいです。どうしてあいだという字がついているのだろう。空間や時間、そして続いて世間というときは、ああ、ひろがりだと思います。人間も人のひろがりなのだろうか。人間はもともと「じんかん」と読んで、人の棲む場所を意味しました。「人間至る処青山有り」といったお坊さんがいます。人が住むところにはどこでも骨を埋めるお墓をつくる場所はある、だから大いに故郷を出て活躍すべきだ、という意味です。

織田信長が好きだったという謡曲の「敦盛」に「人間五十年、下天の内をくらぶれば、夢幻のごとくなり」というサワリがあります。ここでは人間は人生、人世の意味で、この世に生きている間という意味です。人間がはっきり人の意味で使われるようになったのは、江戸時代に入ってからといわれます。辞典を見ると、井原西鶴の用例などが出てきます。

では人間という言い方が人口に膾炙したか、人々が使うようになったかというと、そうでもないようです。むしろ、明治になって、欧米の本がさかんに翻訳されるようになり、その際に、マンやピープルの訳語として人間を使ったという実情があります。ちなみにマンは男であり、かつ人を意味します。人を代表するのは男なのです。人類はマンカインドです。それはおかしいと女性が声を上げ始めたのは１９６０年代後半になります。

マンを人という意味だと受けとめる。それは妥当かというと、やはり無理があります。でも人間と訳すと、無理はさらに広がると言わざるをえません。明治期に脱亜入欧を掲げ、昭和に入って鬼畜米英、英語禁止にまで暴走し、敗戦を経て、規範、制度に近代欧米の概念や文化を大きく取り入れるという推移の中で、その無理はさらに深まっているのではないか、という懸念があります。特にアメリカの文化、生活スタイルの取入れは際立っていますが、さすがに、銃の保持となると、踏み切ってはいません。

マン、ヒューマンは男文化を表し、個人と絶対神ゴッドが最も大事な意味を持っています。何かをしでかしてしまったとき、生き抜いてその責任を負うことは、倫理の根幹だと言えます。神から責任を問われ応えることをリスポンシビリティと言います。原義は応答です。責任とは応答責任なのです。
裁判での宣誓は聖書に手をかけて行います。今は拒否できますが、拒否すると、この人は、嘘をつくと永劫にわたる苦しみ、罰を受けるという恐怖の感覚はないのだなあ、という印象を持たれます。良心にかけて嘘はつきませんというだけでは、人は追い込まれると嘘をついてしまう、という思いが下地にあると言えます。古くは「目には目を、歯に歯を」という戒律もありました。やられたら応分の仕返しをしないと許されないという、力を振るう、あるいは振るわねばならない男という考えが下地にあります
死んで責任を取る、お詫びする、という道はないのです。ゴッドに与えられた命を自分で断つ自殺は許されないのです。人は命を全うして、生を閉じて、世界の終末においで、救われるという説示をもつ宗教では、自殺という行為は救いへの道を自ら閉ざすことになるのです。
欧米語で、人を指す語を人間と訳すのは不適当ではないかという話から、ゴッドの話になってきましたが、日本でのキリスト教の宣教過程で、デウス（ゴッド）を神と訳したのはまずかったという重い反省が関係者にあります。絶対とか普遍とか万物の創造主という考えが日本の神にはないからです。絶対は永遠を意味し、普遍は不変です。そこ

から同一性とか一者性という考えが生まれました。同一性は英語でアイデンティティと言います。

日本でも、この言葉は、自己同一性として、よく使われるようになってきました。自分のことを自我とか自己というのですが、自我や自己は首尾一貫性を保って変わることはないと見なすのです。そのことをバックボーンがあると言ったりします。一本筋が通っているのです。それに対して、これから触れていくことになりますが、日本人は首尾一貫せず、ナマコのようだと言ったりします。ナマコには背骨がないのです。昨日イエスと言ったのに今日はノーという、それでは信用されないという見方です。

アイデンティティにもどると、絶対神ゴッドが人を創ったとき、ゴッド自身になぞらえて創ったとされ、それゆえに人は神の似姿であると言います。似姿の核心は、ゴッドの永遠に不変の同一性が人に埋め込まれたという点にあります。このアイデンティティこそが人の尊厳の証なのです。もう一つ、人格というパーソナリティがあります。これもゴッドから与えられたものです。

人間という言い方の特異性について、まだ触れるところまでいきませんでした。

人間関係の基準

「人の話も聞かないで」とか「人の気持ちも知らないで」と言います。この場合、「人」はそう言った自分を指します。一般的な人ではなく、具体的です。そしてそう言った相手も具体的な一人の人です。いま二人が面と向い合っていて、相手の態度が、自分の話していることを聞いてもいないようだと感じて、怒ったのです。あるいは、この私の気持ちを察してくれない相手の鈍感さを責めるとともに、自分の気持ちの足りなさを嘆いている含みもありましょう。

ところが「人間の話も聞かないで」とは言いません。「あの人はね」と言いますが、「あの人間はね」とは言いません。同様に「あの人間はね」というと、気安いうわさ話というわけにはいかなくなります。人は一人を指すことも、人々を意味することも、人一般を言うこともできます。それに比べると、人間という言い方は、一人を指して言うことができないという特徴があります。

そうすると、人数でいえば、二人以上ということになり、単位ではありませんが基準ということでは二人で、孤立した人、孤人という言い方はあるものの、孤人間はいないのです。関係というと、二つのものやことの関係が基です。ですから人間関係の基準は二人の人関係です。

じゃあ、二人関係といえばいいじゃないか、といいたくなります。そうはいかないのです。二人はどうしても個別的具体的な感じが先に立つので、一般的に言いたい、となると、人間ということになります。ところが、人間の基準はそもそも二人ということだとすると、人間関係は、二人という個別的な具体的な、好きだとか嫌いだとか、あなたなしにはとか、もうやってられないとか、惹かれたり反発したりの関係から、人間という不思議な呼び方を生み出した背景や環境までを含んでいる、と言わねばなりません。

人間くさいとは言いますが、人くさいとは言いません。人間くさいとは人間性に関わる表現で、人くさいとは言わないのです。でも、人間というものは、という言い方と同じように、人というものは、といえます。

人と人間の使い分けは、複雑です。おおまかにいうと、人は日常的に使い、人間は文章や議論で使います。人と人との関係を説き明かしたいというような場合、人間関係というふうにいうのです。人関係とは言わないのです。

ところが、とりとめのない随想やエッセーでなく、前提と結論を含む文章とか、会議の議論では、論理的であることが要求されます。司馬遼太郎に『坂の上の雲』という近代日本の形成に大きく関わった三人の人物を描いた小説があります。その中に、日本人は会議や議論の仕方を知らなかったということが出てきます。いろいろなことを外国に学ばなければならず、たとえば、歩き方一つにしても、整然と歩調をそろえて歩くという機会や習慣がなく、手の振り方からして外国に学ばなければなりませんでした。

議論となるとこれは問題です。今でも私たち日本人が議論ができているかと言うと覚束ないのです。どうしてか。うまく言えるかどうかわかりませんが、まず絶対とか普遍が正しさを導く、あるいは支えるということがあります。絶対の反対は相対で、どっちもどっちというあり方です。正しさというのはどっちかなのです。つまり、イエスかノーで、中間的な妥協的な正しさはありません。白か黒かであって、グレーはないのです。

そうすると絶対ということがわかってきます。絶対は混じりけのない、ピュアで比較するものがない単一なのです。普遍はひろがりでどこまでも同じで、ローカルにここは違うということがなく、やはり単一です。絶対も普遍も単一という唯一の〈一〉です。

〈一〉という記号を使いますが、一者性という意味です。ゴッドは〈一〉の源です。そしてゴッドが授けた人格をもつ人という定義においては、人格は日々に新しいといわれます。つまり、生まれてくる子に付与された人格はこれまでにない新しい人格であり、唯一であって、〈一〉を表わしているのです。このことが人は神の似姿であるといわれ、また個人の尊厳となっているのです。

議論は正しさを求めてなされます。議論を交わす人はお互いに尊重する異なる人格をもった個人であり、それぞれの根拠から矛盾のない合理的な論理、すなわち首尾一貫した主張を通じて、正しい結論を提示します。実際は結論をはっきり最初に述べて、その理由を順次述べていきます。私たちはそういう話し方が苦手です。どうしても、ああではないか、こうなのだろうかと、自問自答も交えて、相手の立場や、世間を意識しながら、最後に絞り出すように、これこれこうだと思います、というのです。それは最初思っていた結論と違っていたり、自分でも意外に思う意見であったりします。どうしてそうなってしまうのか、日本語を使う人間について、次回も考えていきます。

あなたとわたし

人間は「じんかん」と読んで「人の住む場所」、「にんげん」と読んで「人」の意味というように使います。いまは「じんかん」はまず使われません。いずれにしても中国由来の文字です。日本語の起源はいまだにはっきりせず、文字はないとされます。カタカナやひらがなは漢字から取られたものです。でもひらがなは独特で、曲線のみで構成されます。文字がない時代にも、もちろん話し言葉はあったわけで、その特徴は一音に意味があることだといわれます。たとえば、あ、い、う、という音はそれぞれ、ひとつとは限らない意味があり、それにたとえば、ま、という、これもひとつとは限らない意味がある一音を加えると、あま、いま、うま、となって、新しい意味が生じます。当然ながらこの複合語の意味はひとつとは限らず、複数の意味を有します。

話し言葉は、独り言と、二人から数人の間での会話、そして大勢に向かっての情報伝達があります。その中でとりわけ発達したのが、二人の会話です。どう発達したかというと、まず、あなたとわたしのそれぞれの呼び名です。時と場所と状況によってさまざまに変わります。時と場所と状況はＴＰＯというのですが、「場合」が、ふくみと広がりをもたせた、最もふさわしい言い方です。不思議なことに、お互いに対等な呼び名がないのです。英語では、ｙｏｕとＩしかなく、対等な呼び名です。親密さを表すときは名前を呼びます。

あなたとわたしを指すのに対等な言い方がないということは、文化の根底にかかわることです。それで、日本列島とアメリカではずいぶん文化が違うということを忘れないようにしなければなりません。呼び名の不思議さの第二は、同じ言い方で意味が逆転する言い方があることです。お前、貴様は尊称だったのが、罵り言葉になっています。あるいは上から目線の言い方とされます。お前が打たなきゃどうするという意味の応援がいまプロ野球で問題になっています。お前という言い方が１００パーセント尊称ではなくなっているところが問題なのです。

あなたとわたしの呼び名について、だんだんと核心に触れていきますが、第三に、てめえ、とか、おのれ、という一人称が二人称として使われることです。手前どもという言い方は商人言葉として残っていると言えますが、手前、己れはほとんど二人称として使われます。どうして自分を指す言葉を相手に対して使うのだろう。これはたいへん大事な疑問で、ひとつには相手の目線、立場、あるいは相手の身になっての発言なのだ、という説明があります。

夫婦はお互いになんと呼ぶか苦労します。でも子どもができると、たぶん、ホッとして、たいていは、お母さん、お父さんと呼び合います。これは子どもの身になっての、子どもの立場からの呼びかけなのです。

関西か、大阪でか、お母さんに、子どものことをなんと呼ぶかというアンケート調査がありました。自分と呼ぶという回答が、たしか70パーセントに及んだ、と覚えています。とくに子どもを叱るときはそう呼ぶのだ、とありました。「自分、何したと思っているの!」。これは東京弁ですが、「自分」という言葉が発せられたとき、その言葉は発した本人にエコーのように戻ってくると思われます。

わたしのことを自分と呼ぶのは、軍隊や、警察や、運動部では実際にあります。内心の自問自答のような場合は、男にかぎらず、ふつうに使っています。それだけに、相手が自分の子であっても、いや、自分の子だからだか、「自分」と呼びかけたとき、自分にも呼びかけているという心理が働くと思われます。「自分」と呼びかける自分の声を聞きながら、自分も呼びかけられていると、心のどこかで思うかもしれません。そして、そのことが、かつては実際に臍の緒でつながっていた記憶とつながるということも起こりながら、この子とは簡単には切れない絆で結ばれているという半意識的な思いがやってくるかもしれません。半意識とは意識的にはっきりというほど強くなく、無意識にというよりは自覚している状態です。

このような母と子の絆を土台として、一般に、相手を一人称で呼ぶ場合を経て、相手をあなたを指す二人称で呼ぶ場合にも、あなた—わたしが、あなた—あなたであったり、わたし—あなたであったり、わたし—わたしの関係であったりすることが起こります。そして、このような関係すべて、あるいはこのような関係が、話の性質によって、複雑に入れ替わるというような状態がお互いに意識されて、ついには、あなたともわたしとも言わない主語のない日本（列島）語になっていった、というふうに考えられます。

われ思うゆえにわれあり

あなたとわたしは二人称と一人称です。できるだけ上下の意識を薄めた中立的な呼び方ではあるものの、対等ではありません。あんたとか、あたい、わっちとなると垣根を取っ払った親しみやなれ合いの言い方になります。でもやはり対等ではありません。相手や自分を呼ぶのに、相手と自分の関係を抜きにしては呼ぶことができないのです。そして自分と相手の関係に、対等な関係がないということなのです。

英語の場合、ふつうには、Iとyouしか思い浮かびません。でも〈I〉はなぜ大文字なんだろうと思い、このわたしは大事なんだろうな、このわたしを抜きにして、ことは始まらないのだろうな、という考えが浮かんだり、でも自己中とはちがうんだろうな、とチラッと思ったりします。

どう整理したらいいか、その一つに、絶対（あるいは唯一神、God）という極があって、そこから下方の平面に光線や視線が放たれて、その平面にIとyouがいる、というイメージがあります。肝心なのは、そういうイメージをわたしが持ったということです。このわたしがあくまでファーストで、次に目の前にいるあなたなのです。その順序はあるけれど、同じ平面にいるということをもって、あなたとわたし、いや、わたしとあなたは対等、平等なのです。

このわたしという〈I〉なる大文字を確定したのが、近代西欧の成立と言っても過言でなく、その結節点にデカルトの「われ思うゆえにわれあり」があります。17世紀、1637年に出した『方法序説』という本に記しました。17世紀というと、日本ではちょうど同じ1637年に「島原の乱」が起こります。キリスト教弾圧と飢えによる一揆です。このあと2年ほどして徳川幕府は鎖国に踏み切ります。それからほぼ200年、ペリー来航まで、日本は、西欧と完全な没交渉ではないにしても、西欧とはずいぶん違う文化を発酵させせました。

今年は明治維新から150年です。日清戦争、日露戦争、韓国併合、支那事変、太平洋戦争を経て、日本はどのような文化を育ててきたのでしょうか。掛け声としては、脱亜入欧、和魂洋才、超国家主義、鬼畜米英、戦力放棄と続きますが、令和元年、新たな出発として、江戸時代までの文化とのつながりを、私たちはどのように持っているのか、確かめてみることが大事だと思われます。

Ｉとｙｏｕ、あなたとわたしにもどって、その立ち位置ということを考えると、Ｉとｙｏｕではこのわたしが、なんと言ってもファーストでありながら、お互い平面上に立っているので、その位置を交換しても、変化は起きません。そのことがＩとｙｏｕという一つの言い方しかなく、しかも対等だという見方につながっていると言えます。ところがあなたとわたしでは、その立ち位置を簡単に入れ替えることができないのです。このことをすこし説明します。

あなたはピッチャーマウンドのような小さい塚の中心、即ち、てっぺんに立っているのです。わたしがそのマウンドの周辺の低いところに立っているとすると、わたしはあなたを見上げることになります。あなたは、子どもであれば、お山の大将みたいに立っているということになります。ところがわたしもマウンドの中心に立っているのです。そしてあなたはわたしの立つマウンドの周辺にいるとすれば、わたしがあなたを見下ろしているということになります。

図を描けばわかりやすくなります。いまは想像してもらうとして、あなたもわたしもお山の大将とは、どういうことかというと、大きな球の上にあなたとわたしがいて、あなた中心のマウンドの中にわたしがいて、私中心のマウンドの中にあなたがいるということなのです。そしてあなたを第一関心事にするとあなたはお山の大将で私は家来みたいになります。わたしに焦点を当てると、今度はわたしがお山の大将で、あなたは私の家来みたいになるのです。

マウンドという設定を離れて、ただあなたとわたしが大きな球面上にいるとすると、球面の中心はいたるところ、どこでも中心なので、あなたもわたしも球面の中心にいるということになります。そこにマウンドという形をしたテリトリーを付け加えると、あなたとわたしの立ち位置の上下関係が生まれ、視点移動によって、あなたが上ならわたしが下、わたしが上ならあなたは下になる、というわけです。

さらに、あなたとわたしがいる球面を大地と呼ぶことにすると、あなたがわたしに呼びかけるとき、あなたは、内心、オレとオマエは大地の中心にいるという点では同じで、対等なのだが、いまはオレが上としてオマエと呼ぶぜと思案して、オマエなあ、などわたしに呼びかけるのです。その立場を受け入れると、わたしはあなたに敬語を使って応答します。しかし、どっちが上かは、場合、事情によってコロコロ、シーソーのように変わります。

日はまた昇る

日本では地平線はなかなか見られません。水平線は地平線より多く見ることができ、その先はどうなっているのだろうと、子ども心に思い、また私たちは球面の上に生きているという実感を起こさせます。平面といえば、アメリカには平面協会というような団体があり、地球が丸いとはＮＡＳＡ（アメリカ宇宙航空局、設立１９５８）の陰謀だと主張する人々がいるそうです。アシモフは科学読み物をそれはたくさん書いた科学者ですが、１平方マイル（1.6平方キロ）はほぼ平面としてよいと言っています。

地球が丸い、というのは同語反復ですが、地球という漢語を名付けたのは、フランシスコ・ザビエルよりすこし年下の、中国に初めてキリスト教を伝えた、マテオ・リッチです。地球は16世紀に中国から伝えられた言葉ということがわかります。地球は、では英語ではなんというか、第一にはアースでしょう。そしてアースは大地です。直截に球を表すのはグローブですが、大きな広々とした大地としての球体ということになると、やはりアースです。そしてもう一回日本語に帰ってくると、地の玉というひとつの言い方しかないのに気づきます。きっと、平野とは言うものの、広大な広々とした大地は少ないからかもしれません。

埼玉にいたころは家の周り1キロは平坦という感じでしたが、横浜に来てからはコブコブだらけのようで、無駄な坂が多すぎる、というのを耳にして、言いえて妙と思いました。住む場所が心に与える影響は大きく深いと言われます。逆に言えば自分が思い考えることや感情に風土が大きく関わっているという自覚が大事だと思います。

地球規模となると、地球の風土とは言いません。きっと、地球の他に人や生物がいる星や惑星が見つかっていないからです。風土は歴史も含めて、違うとか他にはないという意味が含まれているのです。それで地球というとみんな同じ思考や情感に心が向きます。その最たるものは、地球は丸いこと、1日に1回回転すること、朝太陽が昇ることのように思われます。地球は直径は1万キロを超え、重さとなると兆トンという単位で60億・兆トンというのですから、どのくらいの重さだろうと思っても想像できません。

そして「日はまた昇る」のです。お日様は動かず自分が一回転してまた出会ったとはとうてい思えません。夕方もそうです。「月は東に日は西に」。月は昇り日は沈んでゆくのです。昇ると沈むは上と下のように、私たちの気分に大いに関係します。夜寝ないように強制すると、人は驚くほど早く死にます。そして朝、陽を浴びることは体内時計の調整に必須のことです。

「日はまた昇る」と書きました。「陽はまた昇る」は谷村新司の歌を思う人が多いと思います。この歌は太陽は燃えているということが下地になっています。「日はまた昇る」はヘミングウェイの第一作品で、扉に旧約聖書の「伝道の書」の冒頭部分の詩句が引用されています。その詩句の「日はいで、日は没し、その出た所に急ぎ行く」が「日はまた昇る」という書名の下敷きになっています。

「伝道の書」は「空の空、空の空。いっさいは空である。日の下で人が労するすべての労苦は、その身になんの益があるか。」で始まります。仏教的でもあります。実とはいえないこの世界で、実を目指して苦労して何の意味があるか、与えられた食べ物を食べ、与えられた飲み物を飲んで、夫婦相い和して暮らすがよい、という教えです。人が、よい目的をもち、その実現のために励み努力する、その過程で人はいがみ合い人を殺さなくてはならない、というのであれば、いくらよい目的であろうと、その目的は捨てたほうがいい、という意味がまず浮かんできます。

今日は昨日の繰り返しだ、明日もまた今日のようだろう。なにか大きなことを言おうとしています。小さいことで言えば、違うことはそれこそ無数にあります。同じことはひとつもないと言っていいくらいです。それをひと言でいうと無常ということになります。何ひとつ変わらないものはないのです。片方でなにかしっかりしたものは何もない、ただ繰り返しだけがあると説き、片方では変化のみがあると言います。

「海は繰り返しの大切さを知っている」（工藤直子）はわかるような気がします。「カリフォルニアでは40日も真っ青な空の天気が続く」（リービ英雄）となるとわかりません。ここは晴れているのに一町先は雨、と言われるような、微気候の四季がめぐる風土に住む私たちは、無常のほうが身に沁みます。そして変化極まりないということから、定まった、変化しないものは、ないのではないかと思って、「空」を導く、というか、「空」にたどりつくのです。ここには、実とか虚とか、という考えが絡まっているのです。次回はそのことと関連して「風土」について述べます。

風土

生まれ育った土地の、ほかの土地とは違う特性は、心や体に刻み込まれます。それは自分が生まれてからの刻み込みだけでなく、母親や父親から受け継ぐ遺伝子にも刻印されているのです。農耕が始まって人々が、移動や流浪、漂泊をやめ、落ち着いた定住を始めると、風土が発生します。

風土とは、私たちが住む場所のあり方です。人間が住んだことのない場所、例えば、原生林とか、人間がまだいない地球には風土がありません。エベレストにはずいぶん人々が登頂するようになりましたが、そこに山がある、だから登る、というかぎり、エベレストの風土はありません。それは人間の自然の征服の証しのひとつです。

征服とは、相手をねじ伏せる、屈服させることです。相手とは、かたくるしくは対象といいます。さらに相手と自分が切り離せる、つながっていないとみなせるとき、その相手を客観的対象と言います。例えば、鉛筆が机の上にある、というとき、鉛筆はわたしと違う、はっきり別なもの、わたしが机を離れても追っかけてこない、ということがはっきりしていて、そしてわたし以外の多くの人が、そりゃそうだと、そのことを認めてもらえると期待できるとき、その鉛筆を客観的対象といます。

客観的対象と書くと漢字だらけで厳めしいのですが、わたしとは切れている、わたしとは関係ないと、ひとまず見なすことができるもの、と言えばいいでしょうか。でも、そういうものはあるか、と言われると、難題ですと言わざるを得ません。

空の月は客観的対象か。お月さま、というと、もう違うようです。お月さまがついてくるよ、どうして、と問われて、きっとお月さまは君のことを好きなんだよ、と答えると、月はもう客観的対象ではありません。明恵上人と月、となると、奥が深くなります。月がわたしか、わたしが月か、というのです。川端康成がノーベル文学賞記念講演で取り上げました。

虚心坦懐に見る、という言い方があります。自然科学で、ものごとを観察するときの要諦、肝心かなめのことは、と問われて、そう答えることが多いのですが、間違っているといわれます。心を無にして対象を観察しても何も見えてこないというのです。自然科学の作業はまず仮説を立てることです。例えば、鳥の卵はすべて丸い（サイコロのような立方体やコーンのような角がある円錐型はない）とします。そして第二に実例を集めます。千種類集めたけれど、すべて丸い、となれば、そろそろ仮説は正しいということになってきます。そして観察や収集を続けて、仮設の確かさを高めていきます。

しかし、その過程で、一つでも角のある卵に出会ったら、卵は丸いという仮説は捨てなければいけません。すなわち、仮説の正しさが認められても、その正しさを確かめ続けることが必要で、その作業を検証と言います。検証がそもそもできないとき、その事実は科学上の事実ではないとします。検証にはその事実を再現することも含まれます。それで神のように具体的な像を結ばない存在や、幽霊のように再現しようと思ったら再現できるというふうにはならない存在は、科学上の事実ではないのです。

バートランド・ラッセルという英国の数理哲学者がいます。非核の訴えを続け、アインシュタインとともに提唱したパグウォッシュ会議には、１９５７年、日本からも湯川秀樹や朝永振一郎、小川岩雄が参加しました。ラッセルは平和運動で46歳のとき投獄され、非核の座り込みでは89歳で投獄されました。１９７０年97歳で死去したのですが、ノーベル文学賞も受け、１９４５年には『西洋哲学の歴史』を書きました。

その中で、日本の19世紀末から20世紀半ばまでの現人神について、次のように述べました。「日本人は1868年以来、ミカドは太陽女神の子孫であり、日本は世界のどの地域よりも早く創造された、と教えられてきた。学術的に、このような説に疑問を呈した大学教授は、反日活動の故をもって追放された」。現人神を定めた明治天皇制は1946年の天皇人間宣言で終わりました。しかし、政治、国家、宗教では、科学、学術が無視され、あるいは弾圧される例は、20世紀後半から21世紀の現在まで、世界でしばしば繰り返されてきました。日本も例外ではありません。

科学、学術は論理で構成されます。しかし人の心は論理とともに、非論理、情の世界でもあるのです。しかし、とまた言いますが、その世界は二人から始まり、顔見知りのせまい世界です。それをもう少し広げると言ったらいいでしょうか、そういう世界を風土といいます。エスペラント語を話すコスモポリタンを思い浮かべると、その逆が風土に生きる人々です。

2019年10月14日付で植松被告から返信。中身は10行。手紙には〈最首さんのお考えは判りましたが、奥様はどのように考えているのでしょう。聞く必要もありませんが、今も大変な面倒を押しつけられていると考えております。「朱に交われば赤くなる」と云いますから、障害児の家族が悪いのではなく、生活する環境が悪いということです〉(原文まま)。

手紙をもらって

10月15日手紙をもらいました。話の趣旨はわかった、ということと、つづいて、娘の星子を世話している母親のことについて、言及がありました。その部分を抜き書きします。

「奥様はどのように考えているのでしょう。聞く必要もありませんが、今も大変な面倒を押しつけていると考えております」

大変な面倒を押しつけている、とは、第一に、母親と父親と子どもの三人暮らしで、手間のかかる子どもの世話を父親は母親にみんな押しつけている、というふうに読めます。第二には、すこし広げて、手間のかかる子ども、一つには障害のある子どもが挙げられますが、そのような子どもの世話は社会的に行われるべきだが、いま日本の社会は十分にそのようにはなっておらず、親に、特に母親に、ほとんどの世話を押しつけている、というふうに読めます。

後者は今、子どもから大人まで重圧を感じ、身に染みる自己責任との関連という問題につながります。自己責任だからね、と念を押されると、萎縮したり、大げさに言うと、金縛りになったような状態に陥る、あるいは孤立無援状態になって、人や社会に助けを求められない苦しみになります。家庭でも職場でも、その空気が重くよどんでいます。そうではなく、安心して、何かやる、人を助けたりする、という状態を考えてみます。

誰かが、やってみろ、と言う。それは口に出していうわけではないのです。もちろん、口に出して言う場合もありましょうが、気配、雰囲気として、それを感じ取って、安心という思いを持つことが大事なのです。生きていく、あるいは、成長するには、自分は、どこか、守られているという安心感が不可欠です。大丈夫、請け合うからやってみろ、という促しが、どこかある。その発信元は、まず、第一に、母です。

ただ、母的なもの、母性の元型は誰にでもあると考えられます。しかし、母が無意識に発散する安心の素は、ほかの者、特に男にとっては、意識してそういう思いを持つ必要があります。保育士さん、看護師さん、介護職員、先輩、先生、上司、上役、そういう役柄で慕われる人は、みんなそれぞれ、安心の素を分泌していると思われます。ただ、そうなるには、やはり、共に生きる場という意味を含んだ、人間という人は、頼り頼られるはひとつのこと、ということを噛みしめて、まず人に頼らねばなりません。そのことを意識することが大事です。自分は独立している、人の世話にはならない、というのでは、大丈夫、という安心を発散させることはできないのです。

子どもプレイパークの案内に、「ここでは子どもたちは自己責任で自由に遊べます」というのがありました。これでは子どもたちは思い切って遊べません。一億総活躍という標語がありますが、自己責任という重しがそれを打ち消しています。でも、考えてみると、自己責任は個人というあり方にとって、当たり前のことなのです。するとやはり、わたしたちは個人ではないのです。個人になりたい、個人にならねばならない、という思いも切実です。でもなかなかなれません。無理になろうとするとおかしくなってしまいます。

第一の、母親が背負いきれない苦労を押しつけられているのではないか、という問題に入ります。わが家では、子どもの身からの呼び方の、お母さん、お父さんを、夫婦のたがいの呼び方としています。ほかの呼び方がどうしてもしっくりしないのです。「あなた」はお互いに使うことがありますが、すこし距離を置いた言い方で、「あんた」となると逆に狭すぎる感じです。

それで、お母さんの苦労ですが、そのことを思うと、どうしても、専業主婦の矜持ということを思わざるを得ません。もちろんそこに、お母さんという役割は大きく含まれているのですが、ここは私の持ち分、専管領域、むやみに干渉するな、という意識です。その領域の中に、父親がなすべきこと、というのも当然入っているのです。第一はお金を稼いでくることです。

わが家は、大もとのところで、専業主婦が取り仕切っています。その表れのひとつが、お願いします、と声をかけられたら、待ったなしは大げさですが、文句なく父親が応じることです。手が離せないとか文章を書いているから、というような言い訳は一切許されません。何を頼まれるかは、母親の体力の減退もありますし、父親の器用貧乏度にもよりますが、基本は専業主婦の裁量です。その裁量の中に、けっして頼まない、口出しさせない、ということが含まれています。

専業主婦の矜持が崩れる、あるいは崩すと、家庭は不安定になり、社会はぎすぎすしてきます。専業主婦は寄生虫、とは80年代に言い出されたことです。わが家は概して平穏です。そうでないと娘星子の様子がおかしくなります。

言語は本能

私たちの思いや感情や行動はそのもとをただすと、見たり聞いたり嗅いだり触ったり食べたりすることにあるとされます。そのような五感がどのように、主として脳に蓄積されるのか、わかったとは言えません。それである状況で、とっさに出る反応は、ひとつには反射といわれ、ひとつには本能によると説明されます。本能は結果ですが、その来歴はたどれず、いのちの歴史の中に溶け込んでいます。本能はある状況での定型的な反応を指していますが、人には本能はあるのか、あるとすれば、それはどのような状況でのどのような反応でしょうか。

動物や昆虫の本能は恐るべきと言いたくなるようなものがあります。ある昆虫は卵を産むと自分に麻酔と防腐の処理をして、死んだようになります。卵が孵《かえ》ると、そこにある食物の大きな塊を食べて成長します。それは母親の身体なのです。ずいぶんラフな言葉を使いましたが、母親の、次世代を残したらそれが自分の寿命の終わりであり、同時に次世代が育つための必須の食物になるという、それこそ本能というほかない行動は理解不能です。孵化した幼虫がそこにあるものを食べるという本能はまだ単純のようで、わかるような気もするのですが、その幼虫がメスになって（メスと決まって生まれてくるということはすぐには言えません）また次世代を残して、その子どものための、自分を腐らないようにした食べものになるというレベルになると、お手上げです。いのちが続いてゆくということはすごいことです。

哺乳類となると、生まれた子はそこにある乳首に吸い付き栄養を摂ります。本能です。人は哺乳類ですが、そこにある乳首は母親が子どもの口のそばに持って行った乳首でもあるのです。乳首を持ってゆくのは教わったり見たりしたことか。もしそうであれば本能とは言えません。でも生まれた子が乳首に吸い付くのは本能と目されます。そういうことからはじまって、人は本能をもたない、本能とは関係のない理性を賦与されているという西欧の人の定義に対して、主として生物学の方から、人も動物であるという見方が強まって、本能はないという見方が否定されるのですが、おおむね本能を失ったことは確かです。

ところが、人の最大の特徴である言語はどうであるかという問題は、動物に起源を求めるにしても、ギャップが大きく、説明がなかなかつかないのです。それに対して、言語学の第一人者のチョムスキーが、言語は本能であるという説を出しました。現在、これをおいてほかに言語の起源の説はありません。

いま、こうやって書いているのも元をただせば、説明不能の本能によるのだということ思いがやってくると、なんとも言えない気持ちになります。そして「文書は速やかに適切に処理され復元不能です。」というような言説を聞くと、頭の中が乱反射を起こしたみたいになって、なんのための言葉かという問いが渦巻くのです。

言葉は本能であるかもしれませんが、現在、世界に減少しつつあるとはいえ、6000くらいの言語があるそうです。それぞれいろいろな類縁関係をもちながら、文字と合わせて、その使われている地域の特性を反映しています。その地域のあり方を風土と言います。風土はその地域の場所や気候に左右され、またそこに住む人がかかわって形成された歴史的な場であり、言語はその場の特性を反映します。

では日本語はどうか。あるいは人間という言い方はどうか。あまり考えてこなかった、つまり当たり前のように使ってきたというのが実情です。英語をはじめとする4か国の西欧語を習い始めて、違和感がどうしても消えず、外国語を使いこなすまでに至らないのですが、30代の初めから、お前は個人かという課題をのっぴきならず突き付けられて、次第に日本語を使う日本列島人の抱える特性、あるいは問題に関わるようになってきました。

現在の立ち位置を端的にいいますと、人を指す人間という言い方は極めて特殊であること、日本語には主語がないという主張に大きく賛同している、ということです。個人を西欧的な個人、すなわち、義務と責任をわきまえた主体であり、このわたし、自己、自我が確立し、自立した存在を大文字の〈I〉とすると、日本語で考え、しゃべり、書く、このわたしと称するものは、どうあっても〈I〉ではない、という思いに浸されているという状態です。

日本語の起源はまだ明らかではありません。地図を見ていると、中国や朝鮮半島とのかかわりが一番あるように思われますが、ポリネシアとのかかわりは否めないという説やシベリアなど北の影響も主張されます。極東の島として鎖国も可能になる地理を考えると、特異性の醸成も頷けるものがあります。日本の風土とわたし、わたしたちをめぐって、日本語をもう少し取り上げていきます。

同害報復

迂遠な蚊取り線香のように周辺から中心に向かう手紙を続けます。

風土は、人の心や性格や人と人との関係のあり方に密接にかかわっています。例えば、自分のしたこと、その責任の小ささ大きさ、軽さ重さ、それに応じた責任の取り方は、人が集まって暮らす共同体や社会の存続にとって、重大な役割を果たしています。責任をめぐる処理の仕方には、風土にもとづく人の知恵が詰まっているのです。そしてその知恵は人が使う言葉に表れていると考えられます。

砂漠の風土では「目には目を歯には歯を」の掟が生まれました。まずはやられたらやり返さねばならない、泣き寝入りや長いものには巻かれろでは済まされない、ということです。ただ過剰な報復は許されないとします。応分、ふさわしい、過不足のない仕返しが超越絶対神の望み、お達しということになります。他の人によって自分になされたことが悪と見做される場合、悪を放置しては社会は成り立たない、法にゆだねる前に自分できちんと落とし前をつけることが肝心ということです。

ただ、殺された場合どうするかという思いというか、疑問が湧いてきます。砂漠の戒律に疎い者として、ハムラビ法典に触れたことのない者として、勝手な想像をします。殺された者は応分の仕返し、すなわち相手を殺すことができません。すると、殺された者の意を汲んで、代わりに主として身内が相手を殺すということになります。はたして掟として代役になることができるのでしょうか。もし代わりに実行することが許されるとしたら、一心同体であるような関係性が前提とされているのでしょうか。そして、汝殺すなかれという戒律は、不文律としてすでにあるとすれば、直接的な殺人はやはりタブーと思われます。

『眼には眼を』という1957年の映画があります。カイヤット監督、クルト・ユーゲンス主演で、砂漠を舞台とした、白人の医師に対するアラビア人の復讐の物語です。妻が診察を断られて死にます。代診でなく、その医師に診てもらえれば助かっただろうという夫の思い込みが発端です。医師は直接手を下したわけではありません。それで同害報復として夫も医師を直接殺すというわけでなく、また、殺人はタブーを踏まえてか、砂漠に放置するのです。

松本清張に『霧の旗』という1961年の作品があって、この映画にヒントを得たといわれ、複数の映画化、テレビドラマ化がなされます。いまのところ最後のドラマ化は、知恵遅れの弟にかけられた殺人の冤罪の弁護を断った高名な弁護士に対する姉の復讐という設定です。

ただ、『霧の旗』にあっては、義務としての復讐という考えはありません。日本の風土では義務としての復讐は、殺された武士の身内の仇討に限られ、それも仇討を果たさない限り帰参はかなわず、流浪の身であるしかないという現世の罰です。同害報復をしないとその義務違反はあの世までついてまわるというのとは違うのです。ただ、やはり、同害報復という考えは日本の風土にもあると思われます。

わたしには星子という重度複合障害の娘が居ます。もしこの子が殺されたら、わたしはその殺害者を八つ裂きにしてやりたいと思うかもしれません。そして娘がナイフで殺されたとして、その殺害者が八つ裂きは残虐過ぎると言ったとしたら、そこには同害報復の考えが顔を出していると言えなくもありません。

逆にいうと、過剰な復讐のやり返しが続くと社会は成り立たなくなるということです。その是正が契約に基づく社会の構築の一端になったと考えられます。契約に基づく近代社会は過剰な情念の抑制に意を払っていると言えます。

ひるがえって、日本の風土で、明治150年、脱亜入欧をかかげ、近代社会化を進めてきた現状はどうでしょうか。率直に言って社会というよりは、広い・狭い世間、冷たい・温かい世間、村のまとまり、が一枚めくった意識の層では有力であるように思われます。なんとしても、理性的であらねばならないという根拠、信念が日本列島人には希薄です。それゆえに、過剰な情念の激発は、共に生きるという古層から立ち上ってくる、本能に近い意識で抑えられていると言えます。でも、そのことは共に生きることが侵害されると感じたときの激情の爆発ともつながっているのです。

和辻哲郎は『風土』という著作の中で、日本人の特徴を「雪に耐える竹」であり、「しめやかな激情」であるとしました。湿潤が温和や隠忍、堪忍に通じるのですが、その堪忍袋の緒が切れるときがあるのです。いずれにしても、ウェットが情であり、ドライが割り切りであるとき、日本列島人の心は情に傾いているのです。次回も風土と心のあり方について述べていきます。

公判を傍聴して

２０２０年1月24日の被告人質問の公判を傍聴しました。

この一連の手紙のひとつのテーマは理と情です。理は強さに傾き、情は弱さを振り切れないのですが、あれこれ言葉を重ねてゆくと、強さは弱さに、弱さは強さに逆転するということが起こります。そのことを意識しながら手紙を書いています。

理は客観的にものごとを見たり扱ったりすることと、ある定まった基準に基づいて論理的に矛盾なく考えてゆくことを指します。では基準とはなんでしょうか。絶対とか普遍、それに真実、というと途端にむずかしくなります。おおよそわかりそうなのが、「平行線は交わらない」という基準です。ところが曲面上では交わることが起こります。それで「平面上では平行線は交わらない」という基準にしました。いくつかのこういう基準があって、その土台に立って、その土台から離れないで、論理という理を展開してゆくのが数学です。

「客観的に」という言い方は、そもそも「的」と言っているので、厳密性は望めません。それで、日常的には、他人事のように見なしたり考えたりすることを表しています。つまり、他人事とは自分に関係のないこととして、考えの中に一切自分のことは勘定に入れないで扱えるものごとがある、ということです。でも「風が吹けば桶屋がもうかる」という諺のように、まわりまわって自分が関係していることに気づくというものごとがあります。それで自分に関係ないことだとしても、そのうち自分に関係してきてしまうかもしれません。もうひとつ、自分が関わっていることははっきりしているけれども、さしあたりそのことは棚上げにして考える、という場合もあります。

　前置きが長くなりましたが、この公判について、やや他人事のように考えてゆく機会ととらえたいのです。裁判とはちがう意味をもつ公判です。有罪か無罪かの結果を目的とするのでなく、事の次第を追いかける過程を重視する公判です。事の次第には出発点があります。その出発点において、前後の見境なく、事の善悪なく、なにがなんだか皆目わからずに事に及んだのだ、という主張がなされたとします。当然ながら、どうしてそんな状態になったのだという疑問が湧いてくるはずです。

　ここのところが大事で、たぶんみんな知りたいところです。それを時間がないとか、今日は弁護人の申し出により閉廷というような扱いでは、大きなしこりが残ります。この裁判(罪を裁く)では、検察、弁護、裁かれる本人とも事実は争わないとしているので、事の次第を明らかにした上で情状を酌量する、という公判がもつ意味が大きいのです。

ひとつ、昨年の児童虐待通告は9万8千件という問題を取り上げます。子どもの前で親が配偶者などに暴力を振るう「面前DV」が4万4千件、子どもに対する身体虐待が1万8千件です。子どもの抵抗は限られます。まして幼児は大人の暴力には無抵抗です。大人同士の軋轢の矛先を子どもに向ける、あるいはうっぷんを直接子どもに向けるのは最も卑劣なことです。それは教えられるまでもなく、大人が誰しもわきまえていることだと思います。それなのに、どうしてこんなに児童虐待が多いのか。統計を取り始めた2004年から増加の一途をたどっています。

子どもに罪はありません。責任能力はほとんどゼロから始まって齢とともに身につけてゆきますが、大人の責任能力とははっきり区別されます。親権によって保護されていることがそのひとつの理由です。その親が子どもに暴力をふるったり、死に至らしめたりする。いったいどういうことでしょうか。暴力をふるう親本人の問題とは何でしょうか。そういう親が増える社会の状態とはいったいどういうものでしょうか。

家庭内ＤＶの夫、あるいは父親は、ＤＶが始まると抑えがきかない、ところが、ふつうはとてもやさしいときがあると言われます。まるで二重人格のようです。二重人格ではどっちの人格が現れるか、いつ入れ替わるのか、本人にはわからないそうで、そして日本列島には少ないと言われます。そもそも人格という考えがちがうことと、二つのことが判然とちがうということが、万事につけて風土と関係しているからかも知れません。

要は、二重人格の人が起こしたことに本人の責任はないということです。二重人格は病気なのです。子どもに暴力をふるい、死に至らしめたりする、二重人格のような親も病気なのかも知れません。病気には先天性と後天性があり、後天性には環境や社会のあり方がかかわってきます。そして、子どもに対する暴力というとき、では、子どものような人に対する暴力はどうなのか、という疑問が起こってきます。認知症の人たちは症状が進むにつれて子どもに還っていくようだと言われます。

21st letter

母の懐

わたしは83歳（※2020年時）ですが、赤ん坊のころの記憶を持っていません。最近そうなったというわけでなく、子どものころどうだったのだろうと思うようになったころ、それはたぶん思春期のころなのでしょうが、思い出せるのは5、6歳のころのことなのです。赤ん坊というと、男の子を指す、あるいは男重視、女軽視だからよくないと言われるのですが、じゃあ、赤ちゃんとか赤子というのかというと、口ごもります。自分の赤ちゃんのころとはいえません。

嬰児ともいえないので、赤ん坊にしますが、赤ん坊のころの記憶、それも生まれてすぐの記憶を記したものに、三島由紀夫の『仮面の告白』があります。「産湯の盥のふちに射していた日の光」を「私」は見ていた、というのです。自伝的な小説ですから、そして本人の記憶ですから真偽のほどはわかりません。でもすごいです。朝の光はさわやかな今日の始まりであり、水に射すその光は金色《こんじき》の世界を思わせます。それは死後というより永劫の未来の光や後光につながっていくようです。記憶ということもさりながら、この記述が印象深いのは、三島由紀夫の実際の死が強烈だったからでもありましょう。

裏付けられた記憶ということでは、常人ではない記憶力を持った作家の石牟礼道子さんが挙げられます。メモを取られたら、わたしはしゃべらなかったろうと水俣病の苦しみの聞き取りに応じた被害者が述懐しています。そして私にはこう聞こえたのよ、と石牟礼さんは書いていきます。でもそれは類いまれな記憶力に基づいた叙述なのです。その石牟礼さんから直接聞いたのですが、1歳半のころ、温泉のお湯の中でお漏らしをして、その塊りが背中を通って水面にぽかりと浮いたことがあったと。水面に浮くのかなあ、と思うのですが、そのことを大きくなって、親たちに話したら、確かにそういうことがあったと頷いたそうです。

ふつうは3歳ころまでの記憶はありません。でも「三つ子の魂百まで」というように、三つ子を3歳とすると、3歳までの育ち方はそのあとの人のあり方に相当に大きな影響を及ぼすとされています。そしてその時期でなければ定着しない体験の記憶もあるのです。体験にかかわることでは言語の習得があります。言葉は3歳ころしゃべれるようになるのですが、どうして話せるようになるのか、今もってわかりません。ただ、その時期、人のいる環境で育たないと言語は獲得できないことは指摘されています。18世紀末発見された「アヴェロンの野生児」は言葉を話せるようにならず、言葉獲得の臨界期を過ぎたとされました。

動物では「刷り込み」という現象が知られています。刻印のことをインプリントというのですが、「刷り込み」はインプリンティングと言います。ハイイロガンのヒナは孵化したとき、最初に見た動くものを母親と思って、ずっとそのあとを追いかける、という観察をしたコンラート・ローレンツは、自らもハイイロガンの母親になったことで有名になりました。この「刷り込み」は期間が限定されていて、しかも1回限りなのです。期間が過ぎてしまうともう記憶されません。あらかじめ本能としての仕組みが備わっているのです。

私たちの場合も、いまのところ言葉が使えるようになるのは本能によるということになっています。そして三歳までに人が居るところで育たないと言葉は獲得できないのではないか、ということになると、動物の刷り込みにあたるものは、「人と居る」ということになります。では、「人と居る」ときの人とは誰なのでしょう。もちろん一般的な人でいいのですが、具体的には家族でしょう。そしてその中で群を抜いているのが母親だと言えます。

このことは哺乳類でははっきりしていて、父親ということになるとまず関係しません。人の場合は複雑になってきますが、やはり母親との関係は、ほかの家族との関係と比べると比較にならないほど濃密だと言えます。そのことを「母親の懐《ふところ》」と言います。母乳を飲むことが直接的ですが、大きくは母に抱かれ世話されて育つということを表しています。言語の獲得には「人と居る」ことの中心部分の「母親の懐」が欠かせないのではないか、と思われます。

言い換えると、「母の懐」の中で安心して、自分は何をしても守られているという自由と意欲がきざして、そして実際に何かすると母親に制止されることを繰り返して、自分が育ってゆく。そのような結果として言葉があるのだと思われます。

もちろん、「母の懐」がなくても、そして母親がいなくても、人と居れば言葉は出てくるのですが、言葉は心と直結しているので、心のあり方に大きな違いが出てくるかもしれません。このことについて欧米ではどうでしょうか。

母性愛は絆

もう手紙は届かないかもしれません。でも特定の許可された人を通じて、まとめてかどうか、新聞は届くかもしれません。返信を出し続けようと思います。

父と母を思うと、父は近いとは言えない存在だったと思います。昭和15年ごろ、夕食時に父がいると、食事が終わった後、姉とわたしとすぐ下の弟の三人が直立不動で軍歌を歌ったことを思い出します。進軍ラッパをしんぶんラッパと歌って注意されたことを覚えています。父は結核で昭和24年に亡くなりました。父は家の中では別格でした。戦争中は疎開で離れて暮らしましたし、わたしは喘息で、昭和16年国民学校1年生のときから転地療法で海辺で過ごしましたから、よけい父の思い出は少ないのです。家族と合流して1年半で父は亡くなるのですが、床に臥した父から大きな奴凧の作り方を教わりました。絵がみごとでした。

人類史的にも父が居るようになったのは新しいことです。そして哺乳類では母との結びつきは格段に強くなりました。まず乳房を求めます。カンガルーは1センチくらいで産まれて乳房まで自力でたどりつき、吸い付いて離れなくなります。半実写の映画『子熊物語』(1988・フランス) があります。手元にそのビデオがあるのですが、父性愛の発露というような場面があって話題になりました。母と別れた子熊がハンターに撃たれ傷を負った強大なオス熊と出会い、その傷を一生懸命舐めるところから物語は始まります。6年かけて撮られたそうです。

人の場合、父性愛はあるのですが、絆というよりは「自分を越えてほしい」というような社会的な愛に傾いていると思われます。それに比べると母性愛は絆です。縛って自由に行動できなくする、過保護、あるいは傷口を保護する、絆創膏などが思い出されます。ただ欧米との比較では、乳幼児により多く声をかける米国に対し、日本ではより多く触れるという調査があります。そのことが母の懐に表されていると思います。

ルース・ベネディクトの『菊と刀』という本があります。当局への諮問という性質のもので、アメリカの日本占領政策に対し、日本を理解し、やった方がいいこと、やらない方がいいことを提言しました。その中に子どもについての章があって、日米の違いを述べています。いちばん大きな違いは自由についてで、米国では、子どものとききびしく、成人で自由が最大になる点です。日本では子どものときが最大で、成人できびしく制限されます。

ただ指摘されるのは、男の子と女の子では大きく違い、男の子はチヤホヤされ、甘やかされ、人生の中で一番いい時を過ごすということです。それで大人になって規律にしばられるとき、思うのは子どものときで、母、母の懐なのです。そのことがあって、女性に対して、母なるもの、母としての女性を求めるというわけです。母とはわがままを聞いてくれる、受け止めてくれる、そして、その上で、深層意識的には、厳しい、生殺与奪権を持つような存在なのです。

11年前、1万年前の暮らしを続けているというアマゾンの先住民ヤノマミの暮らしがNHKで紹介されました。圧巻は、平均14歳で出産という、14歳の女性の出産場面です。森の中で産みます。周りは集落総出の女性が取り囲み、一言も言葉を発しません。産んだ、まだへその緒のついた嬰児を前に、14歳の女性はじーっと沈思しています。そして抱き上げました。抱き上げた途端、嬰児は精霊から人になり、女性は母になります。抱き上げないと嬰児は精霊のままアリ塚に入れられ食われ、自然に返ります。子の誕生は母の決断によるのです。

心理学でフロイトの次に有名なユングは誰の心にも太母がひそみ、太母と対決しなければ、きつく言うと、太母殺しをしなければ、人は一人立ちできない、自立できない、と言います。日本でも鬼子母神という怖い神がいますが、心の中にいるわけではありません。日本では、この太母殺しができないと言われます。すなわち母親との自他分離がはっきりしないということです。鏡を見て自分だとしっかり認識できないチンパンジーに比べると、人は三歳ごろまでに自分がわかり、言葉が話せるようになりますが、そのかなめが母親との分離なのです。私たちはこの分離が不完全で、兵士が最期に、お母さんと言って死んでいくことが、その例としてよく挙げられます。

いまはどうなのでしょうか。戦後、生活は大きく変わりました。ただ、飢え感覚がなくなり、生活物資が行きわたり始めたのは1970年代に入ってからと言っても過言ではありません。生活が変われば考えや考え方も変わります。その中心は、自由を求め、他人に干渉されたくない、という気持ちだと思います。人間関係の基は母と子の関係です。西欧のように心の中の母と袂別できたでしょうか。袂別できたと思ったら独りぼっちになってしまった、ということはないでしょうか。個人ということについて次回書きます。

2020年3月31日に1審・横浜地裁の死刑判決が確定した植松聖死刑囚は、4月初旬に刑場のある東京拘置所へ移送。刑確定のため、外部との接見や手紙のやりとりは制限され、この「23回目の手紙」から、横浜拘置支所（横浜市港南区）に送ってきた返信は東京拘置所へ送ることになった。

自由と規律

4月13日に出した手紙は戻ってきませんでした。届いたのかどうか、届くことを願って書きます。

しがらみやかせという縛りから解き放されたいと思います。自由になれたらと希います。1945年まで、日本では家や男尊女卑、世間という身動きできないような縛りがありました。それに加え、憲兵、特高という恐ろしい制度、組織がありました。特高は特別高等警察の略で秘密警察とか政治警察といわれます。子どもにとってだけではありませんが、普通の警察が怖かった時代です。お巡りさんに言いつけると親に言われると「泣く子もだまる」という怖さでした。

学校も怖いところで、先生に言いつけるよも、親の決め言葉でした。国民学校での少国民教育は、校舎は兵舎、校庭は営庭という言い方で表されます。男の子は兵隊さんになる、女の子は銃後の婦人になるのが目的とされました。学校での式典では、校長先生が教育勅語を厳かに読み上げ、直立不動で国歌を斉唱しました。校長先生の白い手袋を覚えています。

校門を入ると、御真影と教育勅語が納められている奉安殿があり、最敬礼するのが一日の始まりでした。わたしは始業式の直立不動の姿勢のときに貧血でふらふらとしゃがみこんだことがあり、学校がいやになる一因になりました。

敗戦によって、私たちは一気に自由を手にいれました。一気にというところが問題で、日本を占領した米国進駐軍の占領政策が大きくかかわっています。そのことを否定することはできません。でもどのくらい関わっているか、ということになると意見が分かれます。

私たちの自由という考えや意味の中身が問題なのだと言い換えることもできます。たとえば、自由と規律と言ってみるとどんな思いがするでしょう。自由はいいけれど規律はいやだという思いがしないでしょうか。もうひとつ、言葉をかえて言うと、公共の度に応じて自由は制限される、というのは、どうでしょうか。第一印象としていやだなあという気持ちがしないでしょうか。私は規律も制限もいやだなあと思います。

この、いやだなあという思いを、どうしてかと問わないで、野放しにすると、得手勝手やわがまま、自己中、エゴといわれるような振る舞いをしてしまうことになります。自分本位は、今は自分ファーストというほうが通りやすいと思いますが、夏目漱石の個人主義のモットーです。自分を大切にすることから出発する人間観です。でも凝り固まると、他人のことはどうでもいい、自分だけがよければいいということになってしまいます。

自分の思うようにしたい、生きたいと思う欲求が自由だとすると、それを狭める規律はいやです。規律というといかめしいようですは、日常的にはおせっかいやいちいち口を出されることです。

『自由と規律――イギリスの学校生活』という本があります。1949年に出された池田潔の著作です。著者は1920年、17歳で渡英し、パブリックスクールに入り、ケンブリッジ大学を卒業しました。この本からは規律と勇気が自由を育み守るのだという考えが立ちのぼってきます。宗教の戒律や専制の抑圧の中から自由という概念が人間の尊厳という考えと密接不可分に醸成されてきたという思いがします。

さかのぼると、1486年、日本は室町時代、このころ近畿地方で一揆が頻発するという状態ですが、イタリアで、23歳のピコ・デッラ・ミランドラが『人間の尊厳について』という本を出しました。「尊厳宣言」といわれ、ルネッサンスのひとつの結晶です。神は人間を世界の中心に置いて、ただ自由のみを与えたという主張です。人間は獣に堕することも神に近い存在になることも人間の意思次第だというのです。そして人間は獣でなく志向的存在だ、それが人間の尊厳を示す、ということです。

自由と規律の「と」が問題なのです。並列でもなく、対立しているわけでもなく、密接不可分というか、そしてどちらかといえば規律に重きが置かれています。規律とは、絶対神や不変、普遍をベースにした共に生きることの、法であり論理なのだと言えます。ロゴス・パトス・エートスは論理・熱情・倫理ですが、「太初にロゴスありき」なのです。

さて、自分にもどると、自由と規律は対立するという思いの方が強いです。規律が理不尽に決められるからかもしれません。多数決は自由と規律が不可分ということをわきまえた個人、あるいはその代表による行為です。そうでないとしたら数の暴力にすぎません。やっと個人が出てきましたが、私は個人になっていないようです。そういう身として多数決の暴力に反対するとはどういうことでしょうか。反対の意思表示をどのようにするのでしょうか。

ノーと言えない日本人

何かに反対するとはノーと意思表示することです。ところが日本列島に住む私たちは、なかなかノーと言えないと言われます。ノーと言えない日本人という評は外国からだけでなく、日本語を話す私たちもそう思っているところ大です。そして「ノーと言えない」のでなく、「ノーと言わない」のだと思っているところも大です。ノーという言葉を使わずに済ませたいのです。

Ｙｅｓと Ｎｏ、肯定と否定は、はっきりした二分の立場、態度です。国の運命を左右するような大ごとからこまごました日常茶飯事に至るまで、はっきりさせなければならないことに満ちています。でも、とどうしても言うほかない、というような事柄があります。「わたしをすき、きらい？」と言われたら、「きらいです」とはとうてい言えません。じゃあ、「すきです」と言うのか、イマイチそこまでは言えないなあ、じゃあどう言えばいいのか。

自分の気持ちだけでなく、相手を傷つけないようにしなければなりません。なんとも言えませんとか、わかりませんでは直截すぎます。表情や言葉の抑揚や口ごもることなどまで含めて、なんとか嫌いではないけれど積極的に好きとまではいかないことを伝えようとします。そしてその悪戦苦闘ぶりから、「私を好きか嫌いか」というようなストレートな質問をしてはいけないことを相手も自分も学習していくというか、わきまえるようになっていくのです。それはすなわち、好きか嫌いかとあけすけに聞く人はそもそも敬遠したいという心性を育てることを意味します。

もちろん開けっぴろげでいたいと誰もが望みます。でもそれは、相手をおもんぱかる遠慮の上でのことです。残念ながら忖度という言葉が急に浮上して、狭い意味での定義をされるようになってしまいましたが、私たちの人間関係は気づかいや忖度なしには成り立たないのです。

気をつかう関係の距離をさらに近づけると。相手と自分の混同ということも起こります。相手の身になってみるということと、自分の身が重なってしまうのです。子どもに対して母親が、「自分、何をしたか、わかっているの!」と叱ります。あるいは部下に対して上司が、「何を仕出かしたかわかっているのか」と怒ります。もっと距離が縮まると相手と自分を同一視してしまうことが起こります。てめえ！とか、おのれ！と怒鳴るとき、気づいてはいませんが、心の奥では自分にも罵っているというか、自分と相手をひっくるめて今起きている事態に怒っているというか、とにかくカッとなっているのです。

私たち日本列島に住む者の対人関係の基本は「あなたとわたし」であるように思われます。そして「あなた」と言った途端に、相手を重んじていることを意味します。「あなた」と言わずに何か対等な表現がないか、それがないのです。例えば、結婚する前は、結婚した後相手を何と呼ぶか考えもしないのですが、いざ結婚したとなると途端に困ります。子どもが生まれるとホッとしてというか、お母さん、お父さんと呼び合います。でも対外的になんと呼ぶか難題です。

米国では家庭から社会に至るまで名前で呼ぶのが親密の証しとされます。本当かどうか内実はわかりませんが、ロン・ヤスの呼び合い関係は有名です。日本では、位とか格とかの違いを問題にすると、名前で呼ぶのは目下の者に対してです。父親が子どもを呼び捨てにする例があげられます。呼び捨てと言いましたが、友達同士でも名前を呼ぶのは親密ではあるけれど乱暴で軽んじている意味合いがつきまといます。教師が職業柄、お互いを先生と呼ぶのは致し方がない気もしますが、国会議員がお互いにそう呼ぶのは違うんじゃないかというのも多くの人の思いでしょう。

戦後フランスにずっと住んで、日本のことを考えた森有正という哲学者は、こうしたあなた優位で自分がしっかりしない日本人のあり方を、「あなたのあなたとしての私」と表現しました。あなたが起点で、あなたにとってのあなたが即ち私であり、そのように思う私は、あなたの思いや考えを私のものだと思うというのです。ただ振り回されているだけではないのです。するとあなたが親であったり、村長であったり、校長先生であったりして、その3人の考えが違ったりすると、私の考えや意見はふらつきひとつに絞れなくなります。

日本人は嘘つきだ、昨日言ったことと今日言うことが違うじゃないか、という見方を、森有正はヨーロッパから発信します。日本人は自分のあり方を省みて改めなければいけないと言います。ところが、その際日本人は世界の紛争の仲介役になれる希少な糊のような存在だとも付け加えました。人間関係だけでなく、関係を保つ根本に、相手の身になる、あなたファーストがあることが大事だと言うのです。

クォ・ヴァディス

話しがすこしズレますが、映画『クォ・ヴァディス』をテレビで見ました。ローマ時代の皇帝ネロによるキリスト教徒迫害のありようが重大な筋になっています。この映画は、1912年サイレントでつくられ、1951年ハリウッドで、ものすごくお金がかかったろう壮大な作品として製作されました。ネットで見ますと、ポーランドの作家シェンキェヴィチの『クォ・ヴァディス：ネロの時代の物語』(1895)を映画化したとあります。シェンキェヴィチはこの作品を含め、「叙事詩作家としての顕著な功績」によって、1905年ノーベル文学賞をもらっています。

この映画の時代は、キリストが磔《はりつけ》になって30年あまり経った頃、戦争での殺戮とともに、戦利品としての奴隷がいます。奴隷は売り買いができるモノですが、美しい女奴隷は性の対象であり、そこに愛情がからむようになってくると、モノか人間かの葛藤が生まれます。キリスト教は戦争と奴隷の廃止を訴える異端の宗教として描かれ、キリストに従った12人の使徒のひとり、ペトロが伝道のためにローマにやってきます。ペトロがキリストに発した問い、「主よ、どこへおいでになるのですか」がこの作品のタイトルになっています。

新約聖書では、この問いが記されている箇所に続いて、ペトロは、キリストにどこまでもついてゆく、命も捨てる、と言います。するとキリストは「わたしのために命を捨てると言うのか。よくよくあなたに言っておく。鶏が鳴く前に、あなたはわたしを三度知らないと言うであろう」(ヨハネによる福音書13章)と予言します。実際その通りのことが起こって、そのことがペトロをいっそう強固な伝道の使徒にならせたということです。

宗教の開祖には、予言、ご託宣があります。そして実際に予知能力があるのだという証拠が語られます。そんな能力あるはずない、とは言い切れません。しかしまた、そのような能力がしばしば発揮されては、世の中立ちゆかないでしょう。このような話になったのは、実は『クォ・ヴァディス』の作者に、予知能力というか、予知夢があったとされるからです。エレベーターに乗ろうとして金髪の青年に出会います。三晩繰り返された悪夢の中の青年で、シェンキェヴィチは恐怖に駆られて階段を駆け下りた途端、乗ろうとしたエレベータが落下したものすごい轟音がします。シェンキェヴィチは死を免れたのです。そういう体験が『クォ・ヴァディス』を書いた一因になっているのかもしれません。

ご託宣のひとつに、親鸞の「悪人正機」があります。もっともこの言葉が記された『歎異抄』が書かれたのは、親鸞死後のことで、流布するのは、さらに近代の明治時代ですから、そのことだけでも問題含みで、誤解を招きそうな、考えてもなかなかわからないご託宣なのです。

「悪人正機」の機とは、きっかけとか、かなめという意味です。仏教では救いが問題になるとき、救いの対象、本命は悪を犯した人なのだ、ということです。救いとは悪人が第一に救われることだ、という意味ではありません。ただ親鸞の説くポイントは「他力本願」です。一般に宗教では、救われるとはそもそも悪をしないこと、そして悪をしてしまったら、その後、そのことを心から悔いることです。

親鸞は、くだいていうと、仏さんはそんなにけちじゃないんだ、というのです。仏教はもともと悪をしてしまう人のあさはかさ、もろさを見据えているのだから、そういう弱さをひっくるめて人を抱きしめているのだ、と言うのです。いや、そう言っていると私は思います。そして自分で救われるように努力する「自力本願」に対して、何もしなくたって、悪をしたって救われるに決まっている「他力本願」を説いたと言われます。

でも、こう言われると、なんだかなあと思います。太平洋戦争開戦の主たる責任者東條英機陸軍大将は親鸞に帰依して、平穏に死んでいったというのですが、それでは困るのです。どんなに小さな罪でも、被害者にとって事は、終わらないのです。そのことのためにも、犯した罪を繰り返し反芻し、罪を背負って、済みませんを繰り返しながら死んでゆかねばなりません。済みませんとは罪の償いは終わっていない、未決済だということの、自他への確認の表明です。救われるなんて毛頭思わない、それをよしとして、仏は受け入れてくれる、それが「他力本願」ということだと、親鸞は言っているのではないかと思います。日本列島人は加害意識を持たない、持てないといわれます。お人よし、甘いといわれることの裏返しで、他の文化から見れば、恐ろしいことなのかも知れません。親鸞の「他力本願」は、そのような私たちに対する強い戒めではないかと思われます。

自分を意味する「あ」

「あなたとわたし」の話にもどります。毎日の暮らしでは、「あなた」も「わたし」もあまり出て来ません。「あなたはどうするの」、「あんたどうすんのさ」。この二つの言い回しからは、どういう人がどういう人に、どのような時と場合にいうか、だいたいのことが分かります。「あなた」はそもそも丁寧な言い方なので、「あなたはどうなさいますか」、「あなたはどうなされますか」と訊きます。時と場合によって使わないことはないのですが、自分で誰かに言ったか、となるとまずありません。

「あなたはどうするの」は女性言葉です。それも若い女性で、親密な関係の人への言葉です。「あんたどうすんのさ」となると、まあ、中年以上の女性で、古漬けの沢庵などが連想されます。「くされ縁」とは、言葉はきついのですが、うんざりするけれど解消できない、切るとなると面倒くさい関係のことで、「くさる」は発酵に通じます。発酵は「なれ」で、熟すると共に臭みを伴うのです。その臭みを旨いと感じるか、とてもじゃないと遠ざけるか、「くされ縁」は加齢臭のような匂いを伴うけれど、熟した関係の表現なのです。

「あなた」、「わたし」は人称代名詞です。人称代名詞というと、「アイ・マイ・ミー」を習ったころを思い出します。どうしてかと言えば、わたしたちは、日常はもちろんですが、文章でも、あまりというか、ほとんどというか、人称代名詞を使わないからです。一人称、二人称に比べ、三人称はもっと使いません。一人称、二人称は多様な言い方があるのですが、三人称では、「あの」が付く言い方とか、「あいつ」とか言います。「あ」は彼方《あなた》の「あ」で、そしてどうして二人称の「あなた」の「あ」に使われるのか、論文にもなる問題になってきます。ところが、「あ」は「吾・我・己」だというのです。

場所の呼び方は「あそこ」「そこ」「ここ」です。「あなた」「そなた」「こなた」というと、「そなた」は目の前の人への呼びかけで、「あなた」と同じです。そして「あ」は自分を意味する、となると、遠くにいる人も目の前にいる人も自分もみんな「あ」なのではないかと思われます。日本語は単音に意味があり、その単音がいろんな意味をもつのですが、「あ」は世界の中心を指し、頭は「あ・たま」だという説があります。自分が世界の中心なのだというのです。

和歌山県のどこかに、ここが世界の中心だ、という札が立っているという話を聞いたことがあります。なんだか興奮しました。地球が真ん丸だとすると、その表面はどこでも、いたるところ、中心なのです。球の中心はひとつしかありませんが、球の表面の中心は無限です。『世界の中心で、愛をさけぶ』という有名な作品がありましたが、どこでもいい、ここで叫べばそこが世界の中心なのです。

一人称・二人称・三人称代名詞は、「われ」「なれ」「かれ」と遠近感がはっきりしてきますが、明治時代から定着した人間という言い方のもとの意味は、人の住む場所だったことを思い合わせると、「ここ、そこ、あそこ」の区別は、場合に応じて、ひっくるめてひとつの場所「あ」で表示されるのだという思いがわいてきます。

場所、場合という言葉が出てきましたが、場面、立場、会場など「場」は多く使われます。「同じ場に居る」ということが、私たち、日本列島に住む者にとって、ことのほか大事です。「あなたとわたし」という場合、まずあなたとわたしはふつうに声が届く範囲にいて、話すとなれば共通の事柄です。話し手と聞き手の主語となる代名詞は省かれ、話にも多くの省略がなされます。

「わたしはうなぎだ」という「うなぎ」文があります。「わたしは」は主語を指す句ではなく、『日本語に主語はいらない』（金谷武洋著）によれば、その場の話題についての旗印で、「わたしはといえば」という意味を表します。何人かで何を食べるか相談していて、自分は「うな丼」にすると言ったのです。英語に訳せという問題で、「I am an eel.」と答えたという定番の笑い話もあります。

同じ場に居るということが、日本語に大きく影響し、そして日本語がわたしたちの考えや考え方を根本的に規定します。「人間」という言い方は、「場」という「間」、関係という「間」を重視するわたしたちのあり方を象徴している、といっても過言ではありません。

同じ場に居ない人を指す三人称は日本語にはないという言い切る学者もいます。つまり、普遍的な人の場である社会をわたしたちはわかっていないということです。社会と個人、個人が社会の単位であるということになじまないのです。社会という言葉も明治時代に60くらいの候補から選ばれました。最後まで残った候補は会社でそれをひっくり返したのです。次回、社会について書きます。

人の尊厳

「社会」とはなにかと言われると、もやもやして、答えにつまってしまいそうです。世間という言葉を思いついて、世間じゃないかなあ、と答えるかというと、実際には答えません。社会と世間はちがうことは常識みたいになっているからです。社会は新しいネーミングだけれど、世間は古い言い方だ、とだいたい直観的に思っています。『渡る世間は鬼ばかり』というテレビドラマは20年近く続きました。

タイトルは「渡る世間に鬼はなし」をすぐ思い出すようになっていて、そして「家を出れば七人の敵」だよなあと、うなずくようなタイトルになっていると言えます。製作意図はネットを見ると「相手のことを鬼だと思う自分がすでに鬼なんだと、自分が鬼でなかったら相手のことも鬼だと思わない、という意味を込めたんですよ」（石井ふく子プロデューサー）と出てきます。でも自分を鬼だとは思いたくありません。そして自分は鬼じゃないけれど、出会う相手に鬼がいる、とは思うでしょう。

世間は暖かい、捨てたものじゃないと思う一方で、世間は冷たく、非情で、甘えていては生きられないとも思います。世間はだいぶ情に絡んだ言い方で、出世も世を捨てることも可能です。出世は出家を思わせますが、ふつうは庶民の世の中から上の方に飛び出して権威を身に着けたエリートを意味します。末は博士か大臣か。世間は人の世で、情に棹させば流されるし、血も涙もないという嘆きも思わず出てきます。

そうした世間にくらべて、社会はどうでしょうか。冷徹な感じがするでしょうか。冷徹とは、争いは常の事で、それをどう収めるか、きちんとしたルールが必要で、争いのもとは根本的には個人の自由は譲れないというところにある、という見方です。明治時代にソサイエティーの訳語をどうするか、仲間とか社中とか会社とか、それは多くの候補の中から、会社をひっくり返して社会とし、それを当てた、という話をしました。語源事典を見ますと、福地源一郎が『東京日日新聞』に「ソサイエチー」のルビ付きで「社會（社会）」の語を使用したことで、「社会」という訳語が定着した、とあります。福澤諭吉は『学問のすすめ』で、世間は悪い意味、社会はいい意味としました。

明治時代に私たち日本列島に住む者が接した社会の概念、考えに、日本にはない考えが含まれていたことは確かです。その根本はといえば、「自由」だと思います。それにいわゆる庶民が主という考えを足すと、自由民主になり、それはまことに斬新な考えでありました。現在、日本は自由民主党が政権を維持しています。

自由の考えを社会の根本としたのは、ルネッサンス後期のピコ・デッラ・ミランドラです。１４８６年に、のちに「人間の尊厳宣言」と言われる、自由の考えを出しました。「神は、人を世界の中心に据え、自由のみを与えた。人が獣に堕するのも神を目指すのも人の自由である」というのです。人は世界の主役であるとし、自由の行使について、不都合が起こっても決して神に助けを求めない、というのです。あくまでも人の間で決着をつける。決着がつかず獣のようになる、なんだか獣の見方がおかしいようですが、争いが高じて殺し合いの末、力ある者だけが生き残る、そういうことは決してしないと言いたいのでしょう。

神に助けを求めず、自由をなんとしても守って見せる、これが人の尊厳なのです。もうひとつ、人の尊厳があります。それは人格はその都度新しい、というふうに表現されます。人格は神が与えるのですが、その人格は日々に新しく、ひとつとして同じものはありません。私の人格は過去未来にわたって、たったひとつしかないということが、人の尊厳であり、私という個人の尊厳です。人格において、個人は本当にたったひとりなのです。このことを踏まえると、個人の自由とは、ものすごい重みをもってきます。

ところが、かけがえのない個人の自由は、二人の間ではということになると、途端に軋んできます。例えば二人の暮らしということを考えると、暮らしに差し障る自由は一切しまい込んで、自由は心、あるいは精神上のこと、具体的なことについては、折り合いをつける、妥協するということになります。しかし社会となるとそうはいきません。集団と集団が自由をめぐってぶつかるとき、容易に妥協はできません。

ここでルールが登場してきます。そしてルールを破ったら罰を与える、罰を覚悟するという取り決めがなされるということになります。でもどんな罰であろうとオレは応えない、あくまで自由をつらぬくとなったら、どうでしょう。どのようにしても免れられない永劫の罰の設定、それに対する同意が必要になってきます。この同意を神との原契約と言います。

日本人と契約

契約は約束ごとです。ただ契約を守らなかった場合、破ったとき、弁償とか、保証とか、制裁のあり方もはっきりさせておく約束です。でも起こりえる不慮の出来事がありますす。そういう場合には、責任をとらなくていいという免責の条項も盛り込む必要があります。

私たち、日本列島人の約束は悪く言えば杜撰《ずさん》、いい加減です。良く言えば、成り行き次第、守らなくてもしょうがないという暗黙の承認を含んでいます。約束したよ、きっとだよ、指切りげんまん、嘘ついたら、針千本のーます。そうして約束が果たされない。破られた方は、カッとしたり、煮えくり返る思いをして、ひどいじゃないか、と責めます。でも破った方に悪気はない、しょうがないなあと思い、75日も経つと、思いは薄らいでだんだん忘れていく。

約束自体、大したことでなかったのだ、ということもあるでしょうし、どうしようもない成り行きなのだ、仕方ないと思うこともあります。日本人は世界一忘れっぽい、ドイツ人は世界一記憶力が強い、という文章を読んだ覚えがあります。覚えがあるとか、あったような気がするという言い方が記憶の不確かさを表しているのですが。

ところが、お金の貸し借りとなると、忘れてしまうとか、なかったことにしよう、というわけにはいきません。お金を貸す商売では、もうけは利子です。十一《といち》で複利というのが過酷で有名です。複利は利子にも利子が付くので10日に1割の利子となると、二か月と10日で2倍を超してしまいます。1万円借りると2万円返さねばなりません。背に腹は代えられない、なんとしても一時しのぎのお金が必要だというのが、いわゆる金貸し業の成り立ちなのですが、業者の方からすれば、人助け業なのに阿漕《あこぎ》だとか血も涙もないと言われてはたまらない、という気持ちが語られます。でも借りた方としては、担保がなければ死ぬしかないのです。

それで利息を禁じる国も出てきます。イスラム教を国是とする国々がそうです。いま利息と言いましたが、利息は貸し賃で利子は借り賃です。借りた側としては、払わなければいけない元金と借りたときの手数料を払わなければいけないのですが、手数料が固定されておらず、時間がたつにつれて増えていくことが死活の問題なのです。イスラム教の聖典コーランでは手数料が増えていくことを禁止したということになります。手数料自体の禁止ではないので、銀行は成り立ちます。

イスラム教では、そのほかの主な禁止事項として、飲酒、賭博、豚肉を食することが挙げられます。イスラムの意味には平和を求めるという説がありますが、その特徴、よさを伝える本に、『ゆとろぎ　イスラームのゆたかな空間』(片倉もとこ著)があります。「ゆとり」+「くつろぎ」-「りくつ」=「ゆとろぎ」と本の帯にあり、さらに「ゆーっくり」と「しずかあーな」時間が流れるとあります。日が沈むころ、ゆっくりとお茶をのむ時間がこよなく大切なそうです。

さて、契約ですが、古くは「目には目を歯には歯を」が思い起こされます。仕返しをしなくてはならない、ただし同程度を超えてはいけないというふうに解されています。泣き寝入りはいけないけれど、倍返しはダメだという教えです。ところが、ほんとうは「目には目で」で、相手の目を傷つけたら自分の目で償わなければならないという、お金などで償うわけにはいかないという戒めなのだとも説かれます。

そしてキリスト教のゴッドとの原契約となると、責任が説かれます。責任はリスポンシビリティで、リスポンスは応答ですので、応答責任と呼ばれます。ゴッドの要請に応える義務です。そして義務を果たさないとどうなるか、義務違反はどんな罰になるかというと、世界の終末のときに救われない、ということになります。それがどんなに身の毛がよだつ罰なのか、少なくとも私にはわかりません。聖書に手をかけて嘘は言わないという宣誓を破ったらどうなるかと同じ問題なのです。

現在国民主権による社会・国家の考えが主流で、日本もその中に入ります。そして国民主権は社会契約の考えに基づいています。さらに社会契約は自然法によるのですが、法は究極にはゴッドが定めるのですから、自然法は神との原契約に行き着く、ということになります。その垂直の神との原契約を横倒しにして、水平の個人どうしの契約にしたのが社会契約と言えます。

個人とは自由と権利をもった尊厳ある存在です。しかしこのままでは個人どうしのぶつかり合いは避けられません。それでルールが必要になるのですが、そのルール違反に対して最終的には、永劫に救われない罰が下される、というのが社会契約なのです。この恐ろしさが本当の恐ろしさとして感じられない、というのが大多数の日本人です。

安保闘争

罪というと、罪と罰というように、罪と罰はセットになって口をついて出て来ます。罪は罪として、そのまま放置されることはないのです。ところが、悪となると、その規模が大きくなればなるほど、うやむやにされるということが起こります。巨悪というのですが、必要悪という見方があって、ものごとはきれいごとでは済まない、という現実感覚を示します。清濁併せ呑む、物事はそう単純に割り切れるものじゃない、主義主張を貫くには不正、妥協も必要なのだ。政治とはそのような営みなのだ、と言われます。危うい均衡です。

そのような綱渡りは許せないという潔癖さは、青二才とか嘴が黄色いと言われます。昭和29年というと、いまから66年前になりますが、造船疑獄という汚職事件が起き、自由党の佐藤栄作幹事長が逮捕必至となりました。犬養健法務大臣は指揮権を発動し、逮捕状執行を停止させました。理由は、「国会が重要法案を審議中」でした。犬養法務大臣は即日辞表を提出、翌日辞任しました。そのあと佐藤幹事長は起訴され、2年後の1956年、日本の国連加盟が実現し、国連加盟恩赦で免罪されました。

日本の指揮権発動は、吉田内閣のこの一件だけです。内乱罪とか、国家の危機に相当するような事態に対して、検察総長の意向、方針に対してストップをかけることができるという規定です。その重大事態の根拠とされた法案は「教育に関する二法」でした。義務教育諸学校で特定の政党への支持を禁止する「義務教育における教育の政治的中立の確保に関する臨時措置法」と、教育公務員の政治的行為に制限を加えた「教育公務員特例法一部改正法」の二法です。

日教組をはじめとして、激しい反対運動があり、日教組は一日総休暇という行動もとりました。全国連合小学校長会、全国大学教授連合、日本教育学会など、反対を表明した団体は50を越えました。この二法は可決され、1954年6月から実施されることになります。そのころ、「逆コース」という言い方があり、米国の対日政策の方針転換の下、「日本の民主化・非軍事化」に逆行するとされた政治・経済・社会の動きの呼称でありました。この「教育二法」もそのひとつです。

わたしは、中学3年生で18歳でした。小学校5年の時、3年連続して学校を休んだためです。喘息で休みがちなので、年子の弟のその下の弟のクラスに入れてもらっていました。友だちはいません。社会の動きに疎く、政治に無関心というか、わがことではありませんでした。ですが、この指揮権発動に対して、単純に、正義にもとると怒りがこみ上げてきました。国家は正義にまさるという思いと同時に、保身とか、私利私欲の匂いがするような気がしました。

そのころ、山村聡監督の映画『蟹工船』を見ました。映画館からの帰り、急いで歩いたこともあって、喘息を起こして寝付いてしまったのですが、映画のラストシーンで、目が開きっぱなしになって、閉じなくなった覚えがあります。蟹工船という大きな船で働く人たちが過酷な労働と待遇に耐えかねて、反乱を起こします。海軍がやってきます。みんな自分たちを助けに来たと思って万歳を叫びます。そして反乱は容赦なく鎮圧されます。可哀そうとか、気の毒という思いでなしに、しばらく目が乾いて閉じなくなってしまいました。

指揮権発動とこの映画が記憶の中ではくっついています。私の生きてきたなかでの、いくつかの転機に、1960年の第一次日米安全保障条約改定への反対、いわゆる安保闘争に加わったことがありますが、その下敷きには、このときの、たぶん恐怖も混じっていると思いますが、頭が真っ白になるような感じがあったと思います。

青二才というのは、若気の過ちをふくみ、正義感に基づく性急な判断や行動の戒めです。そして、ある行為を悪と断じて、責任を取れと迫り、行動を起こす際に、その悪事にはやむにやまれぬ事情があったのではないか、悪と知りつつやらざるをえなかったのではないか、立ち止まって考えてみよ、と諭しています。さらに、正義感はよい、しかしそれを振りかざす資格がお前にあるのかと問うています。この問いは厳しいです。

私の人生での第二の転機は、冤罪とわかった学生に対する処分の撤回を求めた、学生たちの処分撤回闘争です。大学側が応じないため、闘争は激しくなり、教授たちの倫理が問われることになりました。１９６８年、私は助手になって1年、学生側に立って闘うことにしました。まだ学生気分が残っているということもありましたし、助手は大学の正式な一員でなく、あくまで見習いということもあります。でも学生や職員から見れば私は大学側なのです。教授たちを責めることは私を責めることでもありました。自分を問う、自分を責める、自分のあり様を否定する。いかめしく言うと自己否定です。

自己否定

前便からの続きで、自己否定について述べます。自己否定とは自分のありようをふりかえって、それではだめじゃないかと思うことです。そういう振り返りのきっかけはいろいろありますが、正義感にかられて、何かを、あるいは誰かを認めない、許さない、その思いを行動に移さなければならない、というきっかけを考えてみます。

正義感がどうして起こってくるかは別に書かなければなりませんが、ここでは、どうして許さないと思うのか、そしてその思いを行動に移す段階で、自分にその資格があるのか、ということを考えます。自己否定とはそういうとき、自分は真っ白じゃないと思うことから始まります。白か黒かという言い方は潔白か後ろめたいか、無罪か有罪かという意味に通じます。白か黒かという言い方では、その間の灰色が思い浮かびます。直接手を下していないけれど、暗黙にその行動に賛成していたということから始まって、関係ないと傍観していることも罪じゃないのかという議論に通じていきます。

水俣病という、工業が原因の不治の病があります。原因についても、症状についてもまだ全容がわかったとは言えない、世界で初めての病気です。1960年代は科学技術の10年といわれて、工業推進が主になった時代ですが、その進展と共に公害と言われる環境汚染が発生し、日本は公害列島と称されるようになりました。

水俣病は1968年9月に公式に公害とされました。その年、宇井純は『公害の政治学』を著わしました。宇井純の言葉に「公害に第三者はいない」があります。端的に「第三者を名乗るものは必ずといってよいほど加害者の代弁をしてきた」というのです。第三者は、よい意味では、公平な立場で物事を見て、解決策などを考えることができる人を指して言います。良くない意味では、傍観者、自分には関係ないと思う人を言います。

ですから、第三者はいないと言われると、加害者か被害者しかいないということで、そして、ではお前は加害者か被害者かと問うていることになります。宇井純の言葉は広くは、公害に関心を持ってもらいたい、わが身に必ず及んでくることだから、わがこととして考えてほしい、という意味でしょう。

わたしはその当時、動物学の研究をしていました。そういう科学研究に携わっていない人と比べれば、私は科学技術と関係を持つ当事者です。公害の原因が少なからず科学技術に関わるとすれば、わたしは公害に対して関係ないとは言えず、関係があるとなれば、公害に対する責任が問われることになります。ではどういう責任かと言われると困ってしまいます。分野がそもそも違うし、というと、専門が違うと言って逃げるのか、と言われそうです。

最終的には、倫理の問題があります。人としてのあり方が問われるのです。科学研究者で言えば、研究の姿勢はもちろんですが、研究の目的が問われます。人類の知の世界を広げることが第一ですが、そのことによって人類の幸福が増すのか、が究極の問題になります。そしてこのあたりからだんだんと事が絡まり合って複雑になってきます。

たとえばこの世から病気をなくしたいと思います。文句なくいいことのように思えます。でも病気の原因が生き物のばあい、その生き物を殺す、全滅させることが、同じく生き物である人の幸福を増大させることになるだろうか、という心配とか、遠くおもんぱかる、即ち、遠慮が必要になってきます。生き物は基本的に食う食われることで、その多様性を保ち、共に生きているのですが、人はその食う食われることの食物連鎖の網の目から脱した存在なのです。

人はほかの生き物とは一線を画す特別な存在なのです、と人は自分で決めたのです。それは勝手ではないか、いや、神が決めたのだ。このあたりになると、論理的には決着がつきません。そしてひるがえって、わたしという身にかえってくると、この痛みや苦しみを何とかしたいと思ってお医者さんに駆け込むし、この牛肉美味しいねえと食べながら、同時にではありませんが、牛には済まないと思うのです。

常識は、〈したい〉という欲と〈してはいけない〉という倫理をないまぜにしながら、極端に走らないようにするブレーキだと言えます。科学研究者の問題に戻ると、科学とはそもそも常識への挑戦だと言えます。その結果、風が吹くと桶屋が儲かるというように、まわりまわって、科学の成果が人々に害を及ぼすことが出てきます。言い訳はいっぱいあります。まわりまわるなかに非科学的な人の営みがいっぱい詰まっている、だから科学のせいじゃないと。水俣病と科学研究者の責任について、当事者ということを次回書いていこうと思います。

当事者と従事者

当事者とは、ある事柄について直接の関係がある人を言います。その事柄に直接ではありませんが関係のある人を従事者と言います。例えば医療で言うと、当事者は医師と患者ですが、医療従事者は多種の従事者がいっぱいいます。患者の家族も従事者です。医療従事者は普通に言われるので違和感はありませんが、患者の家族が従事者だというと、なんだ?という気持ちになります。ところが関係者というと、家族としては、自分たちはもっと密接な、生活や人生に関わる事柄なのだと言いたい深刻な場合が多々あります。そういう意味では、お医者さんが当事者と言っても、お医者さまには死は毎日のことかもしれませんが、私にはたった1回のことでございますという母親の訴えは準当事者のものと受け止めたくなります。

今のところ、準当事者という言い方は使われないようで、といって、当事者にかかわりのある人を関係者とか従事者と呼ぶのもしっくりしません。とはいうものの、従事者という言葉をとりあえず使います。いわゆる事件が起こった場合、当事者は加害者と被害者です。事件が偶発でなく意図して起こされた場合、そして被害者が亡くなった場合、被害者の従事者の怒りは加害者に向けられます。被害者になされた行為、被害者の無念の思いを直接加害者にぶつけたいと思います。

しかし従事者の被害者との関係を薄めてゆく、あるいはひろげてゆくと、そのような従事者の関心は、もちろん加害者への怒りはありますが、だんだんと加害者の動機とか事情、そして加害者という当事者の従事者の方に関心が広がってゆきます。当事者は孤独だったと言われる場合がありますが、人は人と関係なしには生きられません。必ず関係のある従事者がいるはずです。影響を強く受けた人もそのなかに入ります。すると歴史上の人物で本や映画で知った人も広義の従事者にいれるということになります。

日本ではそういった場合の従事者の抜きんでて最初に思い浮かぶのは、母親です。太平洋戦争で兵士が死んでゆくとき、お母さんと叫んだということは多くの記録に見られます。西欧ではそういう記録は、あるとしても少ないと思われます。お母さんという人々の依りどころを考えますと、日本特有の心情としての甘えが挙げられます。甘えは母に対する甘えからはじまって、日本人の心情に根付き、終生作用すると思われています。

西欧では甘えという言葉がありません。では甘えそのものがないのかというと、そうではなくて、甘えはふだんは無意識に働いているので、西欧の場合はその無意識の層の深さがより深いのだと考えられます。深層意識の層がより深部になるのです。西欧の拠りどころの基盤は神です。〈神のご加護を〉は国歌をはじめとして、人々の日常に根付いていています。神というと日本の神も連想されるので、西欧の神はゴッドと言わなければならないという識者もいます。

ゴッドはすべての規範です。最終の拠りどころです。そのことが無意識の層に定着するには、生まれたときからの育てられ方が大きくかかわります。ひとりで寝て、決められた時間に授乳され、ぐずっても泣いても取り合ってもらえない。アメリカの日本占領政策の提言として書かれたルース・ベネディクトの『菊と刀』に、母親と赤ん坊が一緒に寝るような日本の子育ての批判として、アメリカの厳しい子育ての一端が書かれています。自由という面ではアメリカの赤ん坊の自由はゼロ、成人の自由は100。それに対して日本の赤ん坊の自由は100、成人の自由はゼロだと指摘します。

実はアメリカでは1946年に『スポック博士の育児書』が出て、爆発的に売れます。世界中に広まって日本でも評判になりました。母親はもっと自然に子育てしていいのだよという、小児科医のベンジャミン・スポックの本です。でも消えてしまいます。理由はベトナム反戦思想を持つようになったから、と言われるのですが、なんだかなあという思いがします。もうひとつジョン・ボウルビィの『愛着理論』が１９６２年に出ます。アタッチメントというのですが、くっつくという意味合いからふれあいが大切という説です。動物では最初に見た動くものを母親と見なしてその後にくっついてまわるという「刷り込み」があります。人は複雑であまりに未熟状態で生まれてくるので、「刷り込み」はきちんとはなされませんが、でも生後6か月にかけて類似のことが起こります。その際、信頼し安心できる存在はもちろん母親が第一ですが、母親に代わる女性、あるいは男性でもずっと世話をしてくれる人であれば構いません。この信頼感は一生無意識の層に留まりますが、成長過程の状況や思想のあり方で活性化の度合いは違ってきます。

機作―生物のシステム

当事者ということから、母親との関係ということに入ってきました。例外はありますが、わたし達が最初に出会う人は母親です。ただ出会ったという記憶はありません。では完全に忘れているかというと、どうもそうではないのではないか、ということが研究され始めて、無意識とか、深層意識という、自分では意識できないけれど、自分の言動を支配している意識があるのだ、ということになってきました。

19世紀から20世紀にかけてのことですが、フロイトは、人は無意識に支配されていて、無意識を海に浮かぶ氷山にたとえると、私たちの意識は海から顔を出している氷山の部分、氷山の一角に過ぎないとしました。氷山の一角とは、ほんの少しというたとえです。微々たる量、雀の涙などと、字引を引くと出てきますが、そうなると、いったい、自分はどういう人なのだろうと思ってしまいます。

無意識は意識化できるということをペンフィールドという脳神経外科医が見つけまし

た。１９５０年ごろのことです。側頭葉の箇所の頭蓋骨を開けて脳の表面を電極で刺激すると、なんと、大きな川のほとりで男の人と会っていますと、実験を引き受けた女性が言ったのです。家族に確かめたところ、そういうことがあったといいました。本人にはその記憶はなかったのです。このようなテストから、側頭葉が視覚に関係すること、および電気刺激で記憶が引き出されることが確かめられたのです。

記憶にないことが脳に保存されていて、電気刺激で引き出すことができるとは驚きです。耳から入った記憶はどうでしょうか。たぶん保存されているのでしょう。そして保存されているとすれば、授業で居眠りしていても、先生の言うことは、みんな記憶されているということになり、安心して居眠りをすることができます。ただしその記憶を引き出す方法が自分でわかっていればの話ですが。また、自分に都合の悪い記憶は無意識の領域に押し込めて思い出さないようにする、ということも心理学では発表されています。

わたしは84歳（※２０２１年時）ですが、生まれてからの記憶の量はどれくらいになるのでしょうか。どのようにして脳は記憶を蓄えているのでしょうか。生まれる前の母親の胎内での記憶もあるとされているのですが、その記憶の量とか、そもそも人類の記憶とか、人類以前の記憶もあるとなると、その機作《きさ》は想像もつきません。機作とは聞きなれないと思いますが、機械のメカニズムに相当する生物のシステムを表す言葉です。いまはその情報の素は、科学としては、すべてDNAという物質に収められているということになっています。人体の細胞数はおよそ37兆個で、赤血球をのぞくと、すべての細胞に、このDNAという、つなげて伸ばす、とおよそ1.8メートルになる物質が入っているのです。細胞の大きさは1ミリのサイコロの中に数百万個のサイコロがあるとしてください。そのサイコロひとつひとつの中心の核という場所にDNAが収められているのです。そしてこのDNAに書き込まれている情報の発現によって、私たちの身体の装置が駆動して、私たちは動いたり考えたりしているわけです。なんだか機械みたいです。

17世紀の前半にデカルトという哲学者は、生物は機械で人の身体もそうだとしました。18世紀にはラ・メトリーが『人間機械論』という本を著しました。いまはどうかと言いますと、20世紀の終わり近くローマ教皇が、体と心を分けて、魂はサルから受けついだものでもなく、機械でもないとしました。魂とか人格は神から与えられたものとする立場ですが、では神とは、というと、議論できる性質の事柄ではないということになります。

科学の脳の研究の現状と照らし合わせて、心や魂はわからないとするのが妥当です。わたしは、わからないなあ、とため息をつくほうです。でもわからないのに、というか、わからないからこそというのか、心や魂のせいにすることも多いのです。

わからないなあというため息は、何ごとについても考えてゆくと出てしまうのですが。母親との絆というと、どのくらい深いのか、硬いのか、見当がつかない、という思いがまずやってきて、なんだか、ため息をつくというところまで行きません。なぜかと言いますと、わたしは母親の胎内で、受精卵という私の基になり、胎内で育ったからです。この胎内の胎が絆の具体的な証拠で、母親と私の基がお互い材料を出し合ってできたものだからです。胎は胎盤と言い、胎盤とわたしの基はへその緒で直接つながっています。ここに至ってわたしは、母親と一体だと言っていいのです。しかもここまでのドッキングの前に、早く私の基の方から、私は異物ではないという信号を母親に送って母親に承認してもらわねばなりません。

記憶力

覚えているとは、考えてみると、不思議だらけです。覚えていると言っても、すべてではありません。いや全て記憶されているのだが、取り出せないだけだという説もあります。急に蘇ってくることもあります。『心の旅路』という映画では、主人公が人生を左右する決定的な記憶の蘇りを2回経験します。第一次大戦の戦場で記憶を失って、そして結婚して子どもが生まれるのですが、そのすぐあと交通事故に会い、戦争に至るまでの記憶が蘇ります。でもその代わり、今度は恋に落ちたことも子どもが生まれたことも忘れてしまいます。映画ですから（原作のベストセラーの本があるのですが）ハッピーエンドが期待されます。そのカギは、家庭を築いて子どもが生まれた、その家の鍵でした。それだけはずっと何か気にかかって、主人公が肌身離さず持っていた鍵だったのです。

国会答弁の「記憶にございません」は、あまりにも頻繁という印象を持ちますが、「書類はありません」という答弁と比べると、追及のしようがないというため息が出ます。ある日の行動の記憶について、前後の日々の記憶を訊ねていって、そしてその日の記憶を確かめると、あいかわらず記憶はないという答えです。そんなことありえないでしょうと質問者が怒っても、記憶がないのだからしょうがないでしょうとの答え。うそ発見器とか、ペンフィールドの実験のような、電極を当てて記憶想起を行うなどは、その信頼性と、もうひとつ人権の問題があって、現実の手段とは見なされません。

記憶力がいいとは頭のいい証拠と言われます。テレビのクイズなどでは、ほんとうに博覧強記の人が出てきます。訓練もあるでしょうが、天性の素質もあるでしょう。多彩な自閉症の症状を指して自閉スペクトラム症といいます。そのなかに信じられないような記憶力や計算能力を示す人たちがいます。

わたし達は概して忘れっぽいのです。日本人は一番忘れっぽくてドイツ人は一番忘れないと言われます。忘れないということもずいぶんつらいことが多いだろうなと思います。でも忘れっぽいことも、ことが公のことであったり、他国に関係することであったりすると、そのまま済まされることではありません。といって、忘れないようにしようと、かけ声をかけたり、自分に誓っても、性質とか根性とかは、早急に変わるものではありません。日常的には、いつまで根に思っているのか、と陰に陽に非難されます。水に流すことがだいじなのです。

よくも悪くも和、ということを思います。今から１４００年余り前のことになりますが、聖徳太子の十七条憲法の発布が行われ、その冒頭の第一は和を尊ぶで、第二に仏教、第三に天皇を敬え、となっています。聖徳太子の名前はもうじき教科書から消えると言われています。えーっという思いがしますが、聖徳太子という人はいなかったのだそうです。聖徳太子の縁者は20数人だか、みんな殺されて子孫はいないということも教わりましたが、そんなことあるのだろうかと思った記憶もあります。聖徳太子はいなかったというのも、なんだか辻褄が合うような気もします。

でも、あんまり争いたくないという気持ちや、秀吉の刀狩りに人々が応じたということや、まあまあ、ここは収めてというような、なじみのある言葉を思うと、丸く収めたいという和の思いは、わたし達の心情の底に流れているのではないかという気がします。もうひとつ、「つぎつぎとなりゆくいきおい」もそうです。武士は果敢に戦ったという印象の延長に、昭和の太平洋戦争があり、兵士は最後まで戦ったと、昭和11年生まれの私は国民学校3年生まで、教えられてきました。そのあと、わたしの得た知識では、玉砕する兵士が最期に「お母さん」と言って死んでいったということです。太平洋戦争開戦後の7か月後、昭和19年6月のミッドウェー海戦で日本はもはや負けたのだということをまったく知らなかったことと合わせて、この「お母さん」という最期の叫びが心に残ります。

「知は力」について書こうとして、知というと、どうしても記憶との関連が浮かび、記憶について書こうとすると、記憶ってどう保存されているのだろう、という思いに至り、だんだん脱線してしまいました。記憶について、ひとまずまとめますと、記憶は脳に格納されているとまず思います。ところがどのように保存されているのかわからないのです。コンピューターはもちろんわかっています。という言い方はおかしいですね。わかっていなければ造れません。コンピューターは機械です。ところが、そのように脳を見ても埒《らち》があかないのです。記憶の保存としては、コンピューターも図書館もどんどん大きくなっていきます。ところが脳は大きくなりません。少なくとも大人になってからは大きくならないのです。「知は力」について次回続けます。

知は力なり

知は力について、知力がどのようにわたし達の生き方や、暮らしに関わっているか、あるいは、財力とか権力と結びつくのか、を述べようとして、記憶の不思議さ、脳の働きのわからなさの方に話がいってしまいました。

記録は正確さがだいじですが、その方はいま、コンピューターが引き受けていて、その容量は途方もないものになっています。それに比べると記憶は、憶測の「憶」の字が入っているように、まちがいや推量、想像や創造、ひと口で言うとファンタジーにつながっています。

ファンタジーは超能力を動画にして楽しむということが今、流行りですが、それにはコンピューター処理が欠かせず、コンピューターという機械の実現はまさに知力の発展によるものです。それで、知は力にもどりますが、知力のないものは弱者である、とか、人間の条件を満たしていない、ということのつながりをすこし追っかけます。

「知は力なり」と言ったのは、イギリスのフランシス・ベーコンです。1620年のことです。そのころ、日本は徳川秀忠が将軍で、年表を見ると、さしたる事件は起こっていません。イギリスでは、この年、メイフラワー号で、イギリス人がアメリカに渡りました。魔女狩りが全盛期に入る時代で、人びとがいかに魔術にとらわれているかを示す一方で、科学の興隆が始まっていました。

関ヶ原の戦いがあった1600年、イタリアでジョルダーノ・ブルーノというお坊さんが火あぶりの刑に処せられました。宇宙には地球のような天体が300くらいあるという自説を曲げなかったからです。このことは空想や思弁を排して、事実に基づく実証的な科学の世紀の幕開けだといった哲学者がいます。

ベーコンは、いまの文部大臣や法務大臣を兼ねる行政のトップの高官で、汚職でものすごい罰金とロンドン塔に終生監禁の刑に処せられます。実際には数年の監禁でした。ただ当時、収賄は日常茶飯事で、裁判官も例外でなく、どんなにもらっても、そのことで判断を左右されないことが有徳とされました。だからベーコンも金銭の汚職だけで重罪になったわけではありません。

そういうわけで、ベーコンは科学者とか思想家というイメージからは遠いのですが、魔術や先入観、流布している法則に振り回されずに、事実に基づく科学を進めようとしました。まずはひとつのことについて実際の例、現物を集めます。そして多くの例からそのことについての事実を確定するのです。例えば鳥の卵は丸いという思いについて、違う種類の鳥の卵を数多く収集(切手集めともいわれます)して、みんな丸ければ、鳥の卵は丸いという事実が成立するのです。こういう手続きを帰納法と言います。それに対して、例えば平行線は交わらないということから出発して、その枠内で考えを進めて行くやり方を演繹法と言います。

鳥の卵を調べて行って一万個目に三角の卵に出会ったら、卵は丸いという事実は事実でなくなります。でも杞憂のことを思うと、実際は「卵は丸い」で事を処していいのではないか。杞憂とは、空が落っこちて来ないか心配で、事が手につかなくなることを指して言います。ベーコンは現実的に科学を進めようとしました。その目的は、自然の支配です。ダイナマイトで強大な岩を砕く、まさに知は力なのです。

さらに大事なことは、知は力とともに、人間や自然を含めて、みんな機械のようにみなしていいのではないかという考えです。機械は部品に分解できます。機械は故障したら油をさしたり修繕します。主たる修繕は部品を取り換えることです。その程度が激しければ、つまり老朽化すれば、機械は廃棄されます。

人間の精神は自然に属さない、でも身体は自然に属するという考えを心身二元論というのですが、この考えに基づいて、人間は機械だという説も出されます。そして自然の征服が豊かさと幸せをもたらす、それは科学知によるという思想が、今から400年前に成立したのです。

その100年前、ヨーロッパでは、カトリック教会が売りつける免償符（買えば罪の償いが軽くなるというお札）に抗してルターが宗教改革の口火を切りました。このプロテスタントの思想と運動に重要だったのは、「働かざる者食うべからず」でした。批判と攻撃は、働かない王侯貴族や司教、不在地主に向けられ、1789年のフランス革命に至ります。

この二つの思想、ひとつは人間も機械であり、役に立たない機械は捨てる、ひとつは資本主義に至る働かない者、働けない者は社会的な成員とは認めない、が弱者にどのような影響を及ぼしたか、次回、『弱者を捨てる――アメリカ型福祉観への問い』（阿部秀雄、1978）などを取り上げながら、見ていこうと思います。

もはや返信のない手紙を書き続けて

手紙を書き続け、3年を迎える2021年。植松被告は死刑囚へと立場が変わり、厳しい接見制限がされるなか、返事がないのに、なぜ返信を送り続けるのか、思いを綴る。

内村鑑三の州立白痴院体験

この返信を読んでくださっている皆さんへ。毎月、東京拘置所の植松聖青年に返信を送っています。ところが、今年の2月から、不在の付箋がついて送り返されるようになりました。電話で、不在とはどういうことかと訊ねましたが、不在という以上は答えられないという返事でした。死刑囚には一般の手紙は届かず、ただ保存はされて、死刑執行後、家族に渡されるということを聞いていましたので、この1年、読まれないことを承知して、出してきました。

でも、心のどこかで、ひょっとして、手紙が出されているとか、手紙が来ているということが植松青年の耳に入るかもしれません。それでいいとも思ってきました。

植松聖について、植松青年と呼んできました。そして八つ裂きにしてやりたいとも。二度目に植松青年と面会したとき、八つ裂きはひどいと言われました。新聞を読んだか、聞いたのですね。私も自分で言っておいて、ひどいと思います。皆さんもそうお思いでしょう。植松青年と呼んでいるのは、この共通の面を持っている植松聖です。共通の面があるということは、言葉が届くということでもあります。

植松聖はわたしの娘の星子は人間ではないと手紙で書いてきました。そうではないと、私は植松青年に返事を書き始めました。そして、やまゆり園事件や植松聖に関心をよせる皆さんにも読んでいただきたいと思いました。幸いにして、1回につき原稿用紙5枚の返信がこのように実現しています。

今回、拘置所の受理拒否にあたって、返信という形でのわたしの思いや考えの伝達は切り上げようとも思いましたが、やはり、植松青年という呼びかけに含まれる意味合いから、返信を続けてゆくことにしました。植松青年と私たちが共通する面とは、みなさんやわたしのなかに、植松青年がいるということでもあります。ひょっとすると奥深く植松聖が潜んでいるかもしれません。そのような植松青年に返信を続けていこうと思います。

知は力について、力は建設と破壊だということを念頭に置いて、前回、人間を機械と見なす考えと、働かざる者食うべからずという人間の見方を取り上げました。ではそういう時代の中で、知的、体力的に働くにも働けない人たちをどう見たのか、阿部秀雄の『弱者を捨てる――アメリカ型福祉観への問い』（田畑書店、１９７８）を見てみたいと思います。その第8章は、「『流竄《るざん》録』を読む――内村鑑三の州立白痴院体験」です。

日本の福祉の考えには内村鑑三が欠かせません。『流竄録』は明治17年（１８９４）、内村鑑三がアメリカに渡ったときの記録です。約7ヶ月間「白痴院」で働きました。当時の施設関係者たちに使われていた白痴の代わりに使われていた表現を内村鑑三は書き留めています。――人間の廃物、人類中の廃棄物、社会の廃棄物、社会の妨害物、社会の煩累、社会の災害、下劣のアメリカ人、下劣の米国人、下劣の学生。――

内村鑑三は客観的に事実を書き留めたのだろうか、そうではないと阿部秀雄は言います。慈善事業を学びたいと思うなら、最下等の位置から始めよと勧められて「下賤の業」を採ることを予期していたと答えた内村鑑三には、知恵遅れの子どもたちへの至誠と蔑視が共存していたとした上で、阿部秀雄は次のように書いています。

「下賤の業」を採った鑑三は、「朝夕これら下劣の米国人の糞尿の世話まで命ぜられ」たのであり、「舌もろくろく回らざる、かの国社会の廃棄物」にジャップ呼ばわりされた、と言った調子である。

これらの事例や用語に現れた白痴観は、なまじ改まって表明されたものではないだけに、かえって鑑三のほんねの部分を正直に表現している、といえよう。


なお、阿部秀雄が、この第8章の初めに置いた『流竄録』からの引用文は次のようです。

――山上に一村落を造り、七百の無辜《むこ》の白痴と一百の慈善家が、一家団欒の和睦の内に共に一生を送りつつあるの景況を思い見よ。これを天国と称せずして何とか言わん。――

パールバックの、中国や日本では障害のある子どもが街なかを走り回っている、でもアメリカでは娘と一緒に暮らせないという嘆きを思います。

内村鑑三の社会から隔離した施設の福祉観は日本に定着しました。そして太平洋戦争後、近江学園、びわこ学園を創設し、戦後日本の障害者福祉を切り開いた第一人者と言われる糸賀一雄は、『この子らを世の光に』という本を著しました。内村鑑三や糸賀一雄の至誠を疑うことはできません。でも、この二人の先駆者の福祉観は上から目線のものと言わざるを得ません。当事者を立てる水平型の福祉観への模索は、今、進行中と言っても過言ではないのです。

人間の廃物

日本の福祉の創始者であると言っていい内村鑑三について、その著『流竄録』を引用した阿部秀雄の『弱者を捨てる――アメリカ型福祉観への問い』の文を紹介しました。もう一度引用します。――「下賤の業」を採った鑑三は、「朝夕これら下劣の米国人の糞尿の世話まで命ぜられ」たのであり、「舌もろくろく回らざる、かの国社会の廃棄物」にジャップ呼ばわりされた、と言った調子である。――

内村鑑三の至誠を疑うものではないと阿部秀雄は言っています。その通りだと思います。ただ、その至誠は神への信仰の中で、神のまなざし、神の恩寵に沿った至誠であり、人間に直接向けられた姿勢ではないと言わざるを得ません。「白痴」は人間ではない。「下劣」を越えて、「人間の廃物」であり、「社会の妨害物」なのです。ですから、そのような相手の介護をするのに、どのようにして相手に触り、どのようにして糞便を処理したかを思いたくなります。

便通があるかどうかは毎日の暮らしの一大事です。前にビッグ便と書きましたので、そのように表現しますが、身体の具合や食物の種類によっては、ビッグ便は強烈な臭いを出します。自分の便に鼻をつまむこともあります。しかしビッグ便は大切な必須の肥料でもありましたし、現代では、米国で、引き返し不能点を過ぎた患者に、健康な人のビッグ便を生理的食塩水で薄めて、浣腸する療法が試みられ、患者の寿命が延びることが確認されています。ビッグ便は大腸菌を主とした有用細菌の宝庫でもあるのです。

子どもがビッグ便に惹かれるのは、みんな知っているのですが、その理由はというと、にわかには答えられません。生きることに関わる奥深いわけがあるのだと思われます。子どもがビッグ便をいじるのと認知症の老人がいじることにはそういう何か共通の理由があると思います。

人さまのビッグ便の始末や世話をすることは大変なことです。やってられるかという気持ちは職業倫理で乗り切れるようなものではありません。でもその世話は、そもそも、世話や介護の出発点で、相手をどう思うのかにかかってくると思うのです。患者と思うのか、被介護者なのか、障害者なのか、人間かどうか疑わしいと見なすのか。

医療では、その対象になった病人は患者と呼ばれます。機器が開発されて、医療は時計の修理のようだと言われるようになりました。部品に分解して、交換したり、油をさしたりするイメージです。無理のない話で、自然科学の要素還元主義に沿っているからです。その考え方では、主導権は医師にあり、患者は受け身の存在です。そうじゃない、患者に治す気がなければ、治療は効果をあげないとは言いますが、患者は黙って医師の前に坐ったり、寝たりするだけです。何か言おうものなら、黙っとれと怒鳴りつけられたのはそんなに昔のことではありません。いまはさすがに怒鳴られませんが、その代わり、医師は患者に話しかけたり、患者の顔を見ません。患部とパソコンにもっぱら視線を注いでいます。

それではならじと、アメリカを中心にして全人医療の試みが始まりますが、近代医療とはまったく考え方が違います。全体と部分は絡み合い通じ合っているので、部分をいじっても病気が治るとは考えないのです。全人医療については、また述べることにします。

娘の星子は、重度複合障害者です。ランクもついています。社会的には、特典もありますが区別もあります。一番の区別は、代筆を許さない本人主義のために、投票権を行使できないことです。あたり前じゃないかと言われそうですが。人間じゃないよとレッテルを張られているみたいです。

そうではなくて、まず、人間とは食って出して寝てつくって遊ぶ生き物で、他の人間と関係を持たないと生きてゆけないのだ、と自分に対して思い、そして相手に対して、自分を生かしてくれる関係の人間だ、と思うことが出発点ではないか、と思うのです。

私を生かしてくれる関係の人間は、私が好み、私が選ぶ人間とは限りません。むしろそのような人間によって、私は枷《かせ》をはめられてしまうかもしれません。これから先をどういうのか、困ってしまうのですが、相手を先に立てるという言い方をしてみます。私に、でなく、相手に先に呼びかける、実際に呼びかけるのでなく、心の中で呼びかけるとします。どう呼びかけるでしょうか。愛着関係にある場合は、名前を呼ぶことは多いです。そう呼ぶことがはばかられる場合は、意外にもひとつの呼び方しかありません。〈あなた〉です。英語ではｙｏｕですが、決定的な違いはｙｏｕとＩは対等なのに、あなたは、遠慮や尊重を含んだ、前後で言えば前、上下で言えば上という意味合いが入っています。よくも悪くも、私を生かしてくれる関係として、あなたと呼びかけるのです。

次回、この項を続けます。

あなたという呼び方

毎日の暮らしの中で、特に家の中では、あなたと呼びかける場合は少ないと思います。夫婦で主人という考えが生きていたときは、妻は夫をあなたと呼ぶ機会は多かったと思います。そういう記憶をたどると、私の場合は、子ども時代の昭和10年代ということになるのですが、主人、父親は別格でした。よく言われるのですが、茶碗も箸もおかずも特別なのです。

そういう夫、主人を、妻があなたと呼ぶのは、親しみを込めた呼び方で、ふつうは言いません。東京では、東京に移住してきた中間から支配層に属する人たちは山の手と言われ、江戸に居つきの庶民は下町と呼ばれました。下町ではあなたがあんた、あんた！に変化します。総じて日本では、夫婦が互いにどう呼ぶか、苦労しています。子どもが生まれると、わが家でもそうですが、お母さん、お父さんと呼び合うことができるようになって、ホッとします。

いまは、お母さんと呼んでくれるな、わたしにはちゃんと名前がある、と主張する女性が少なからず居ることは承知しています。お母さんという言い方には、子どもを産むとか子どもを育てるという意味合いが含まれていて、そこに女性を縛り付ける歴史的風潮が現れていることは否めません。

ただ、男の方の思いを述べるとすれば、もちろん、男という自己規定がそもそも歴史的に偏狭だという主張を拒否するつもりはありませんが、私は自分を男だと思っていますので、自分なりの男としての思いを述べようと思います。

日本は東洋的で、昔をたどろうとするとぼおーっとひろがり、未来を見据えようとすると、未来もまたぼおーっと広がってしまいます。はっきりしているのは続くという気持ちです。いろんなことが絡まり合って、なっていきます。具体的な目的を立て、その達成に努力します。でもなんのための目的かというとはっきり言えません。私の関わってきたことのなかで、大学に入るという目的もそうです。何のためにと問われると、本心は入ってから考えるという思いです。入ってみなきゃ考えてもむだという思いです。それで面接でそう問われる場合に、判で押したような答えが多いということになります。私も少しばかり面接の経験がありますが、中国からの受験生が何人かいて、その答えがみんな親孝行のためでした。ウソとは思えない、なんだか真実味がありました。

日本では、親孝行のためという答えはまずありませんが、社会のためという趣旨の答えは多いです。社会とは、と重ねて問うと、口ごもってしまいますが、意味は人のために尽くしたいということで、親孝行から範囲は広くなっています。私も同じ穴のむじなのようなのですが、どうして論理的な理念的な答えができないかというと、体系的な閉じた世界観がないからなのです。始めと終わりが霧の中のようにぼんやりしている世界、というより、世の中と言った方がなじみがありますが、そういう世の中では、現在、今日がいちばん意味があります。

明日は明日の風が吹くのですが、その風はいろんなことが絡まり合って〈なる〉のです。風は造ったり造られたりするものではありません。もちろん扇風機で空気をかき回し送ることはできます。でも、明日の風はつくることができないのです。〈つくる〉は人の意志に基づいた人為です。もちろんアリやハチもつくりますが、その意思は人よりはずっと自然に溶け込んでいます。そして自然とはというと、おのずからしかり、〈なりゆくものごと〉なのです。

自然は〈じねん〉と呼びます。150年前の明治時代に日本に入ってきた〈ネイチャー〉を自然と訳したのですが、〈じねん〉と区別して〈しぜん〉と呼ぶことにしました。〈ネイチャー〉とは、神と人の間が断絶しているように、人とは断絶していて、それで机の上の鉛筆と同じく、対象物として扱える存在です。〈ネイチャー〉は神から人への贈り物で、それゆえに人は動物保護と同じく、管理責任があります。そして人は知力を使って〈ネイチャー〉から財を掘り出すのだという考えで西欧近代は始まりました。人と自然は断絶している、人は自然ではないという思いは強く、今でも米国の世論調査では、過半数の人が猿から人へというダーウィンの進化論を認めていません。

私たちはどうでしょうか。はっきり反対する人はいないと思います。〈しぜん〉と〈じねん〉がつながっているからです。そして〈じねん〉とはおのずからなりゆく世界で、その中に私たちは居るのです。すると私たちは客観的な思考ができるのかという問いが生じます。日本とか日本人という大きな問題に入ってきてしまいましたが、すこし続けます。

フランクルのロゴセラピー

客観的という言葉は日常語ではありません。議論するときは、出てくる場合はありません。中学校までの教育ではどうでしょうか。あまり記憶にありません。人の言葉で話さないで自分の言葉で言ってごらん、と親や先生から言われた、という記憶になると、ありそうな気がしてきます。人の言葉というときの人は他人という意味です。ひとりじゃなくて多くの他人です。多くの他人の言葉とは常識に通じます。常識はまあ客観的と言えなくもないのですが、思いや情がこもっている場合がありますから、客観的とは言えません。客観的とはさばさばしている、事実に基づいたものの見方です。

客観的の反対は主観的です。自分の言葉でとは、主観的に話すという意味です。主観的とは、独特な、自分らしく、というふうに言い換えて見ます。ここではたと困ってしまいます。自分だけのとか、自分らしくとは何だろうと困ってしまうからです。

私はたぶんひとりしかいないと思います。どうしてか、指紋が同じ人がいるという話は聞いたことがないからです。顔つきが瓜二つというのは、ありそうで、ドラマなどでよく使われます。でも、極め付けは遺伝情報のDNAで、4種類の核酸が30億個、糸のように並べることができるというのですが、その順番が同じ人がいるとはとうてい考えられません。

わたしはひとりしかいない。それはうなずけるのです。では、私の考えはというと、にわかに落ち着かなくなります。独創かと聞かれる、あるいは受け売りだろうと言われる、と思うだけで、わたしの考えは人の考えの寄せ集めのように思われてきます。自分の考えを述べよ、と言われるとひるむのです。絶対にお前独りの考えかと言われたら、黙るしかありません。

絶対と言われたら怖いのです。日常では、絶対嘘つかないからねとか、絶対だよ、指切りげんまんとか、絶対を使いますが、可能な限りという意味です。本気で絶対と言われたら、尻込みするし、怖いのです。

ここで、ヴィクトール・フランクルという人の話をします。第二次世界大戦でドイツがユダヤ民族絶滅という方針を打ち出して、ユダヤ人を強制収容所に隔離して虐殺しました。フランクルはその強制収容所アウシュヴィッツで生き延びた精神科医です。『夜と霧』という体験記を出しました。『夜と霧』とともに、ロゴセラピーで有名です。ロゴセラピーとは意味中心療法と訳されますが、精神を病む人が自分でその意味が分かれば、病は治る、医師はその手助けをするという療法です。日本にもたびたび来ました。

フランクルは、自分の背後にある、自分では触れられない不変の人格ということを言います。人格は生まれるとき、神から与えられる、他にはない新しいものです。このわたしの背後にあって、私がいじることのできない不変の人格こそが精神の病を治すのだとフランクルは言います。それは生命力がある限り、身体の病は治るのと同じだというのです。

人格の背後に神がいます。神と人は断絶していて、人は決して神になれませんが、人は神の似姿なのです。似姿ということと神にはなれないということが、神と私の間のわたしの人格ということに表れているような気がします。

日本では私たちの人格は自分で育てるものです。むずかしく言うと、人格の陶冶といいます。陶冶とはつくり良くすることです。ダイヤモンドも磨かざれば光なしとよく言われました。原石もダイヤでダイヤそのものは変わらないわけです。人格は不変と、人格は自分で育てるもの、という考えの中間に磨くがあるような感じです。

わたしという個人の自己同一性ということが言われます。自己同一性はアイデンティティと言います。自己同一性を裏付けているのは、私の不変の人格です。

前置きが長くなりましたが、自分の意見、自分の考えというとき、自信がもてるというか、安心がもてるというか、自分の意見に決まっているという思いがはたらくかどうか、です。不変の人格ということに基づけば、間違っていようが、見当はずれだろうが、不利になろうが、自分の意見を言えるだろうと思います。

そのような人格観がなければ、自分の意見をと言われても、なかなかすぐには言えません。別にありませんと逃げたくなります。子どもたちは遠慮会釈なく、「べつにぃ」と言いますが、大人たちも、そう言いたいのです。大人たちが気にしていることはいっぱいあります。言ったらまずいということから始まって、ずーっとたどっていくと、自分とはという問いにぶつかってしまうのです。

客観的とは主観的でないこと、主観的とは自分の見方や考えであること、では、自分とはという問題に入ってきました。

自分は唯一の存在

自分の意見について少し述べようとしたところで、〈自分とは〉という問題に入ってしまいました。自分とはこのわたしなのですが、何かを〈した〉、あるいは〈してしまった〉、というとき、自分が〈した〉ということは認めるけれど、どのくらい〈した〉だろうかという思いが湧いてくるときがあると思います。

どのくらいとは割合のことで、１００％だろうかということです。うっかり〈してしまった〉と、意図して〈した〉では、割合が大きくちがってきます。割合がちがってくるとき、問題になるのは責任です。自分にどのくらいの責任があるだろうか。責任というと、かかわりがあるかどうかが問題になります。かかわりがまったくなければ責任はありません。逆にかかわりがあるとなれば責任が生じます。

責任は大きな問題ですので、あとで述べたいと思います。自分が〈した〉かどうかにもどりますと、はたから見た客観的な判断と自分の主観的な判断があります。主観的な判断と言っても、もちろん自分で客観的に見ようという努力はします。でも〈してしまった〉事情を考えてゆくと、自分のせいだけじゃないという思いがしてきます。

そしてさらに、そう思う自分がちゃんとした自分なのだろうかという思いがしてきます。このあたりのことは、理屈で畳みかけて思っているわけではなく、漠然とした不安感というか、きちっとした、しっかりした自分という拠りどころがぼやけている感じです。いま、こうやって書いているとき、わたしは意識しているのですが、意識は潜在意識や自分ではわからない深層意識や無意識の影響を受けていると言われます。無意識には、他の人の考えや、社会や歴史、風土が詰まっていて、父や母の元型も入っているのだと言われます。元型というと、いのちや生きるという根本に結びついてくるように思われます。

自分の意識と言っても、深層意識や無意識という氷山の一角だとすると、自分はどこまで自分なのだろうかという思いがしてきます。

自分ということについて、はっきりした定めや言葉はないものか。そう思うと〈人格〉という言葉に行き当たります。前回述べたように、西欧では人格とは、生まれるときに神から与えられるこれまでになかったたったひとつのものです。

自分は、歴史を通して、またこれからの未来にわたって、たったひとつの存在なのだと教わる。ひとつしかないもの、これは大きな拠りどころです。あなたの意見をと言われて、自分の意見を言うとき、自信がなくとも、世界でたったひとつの意見だと思えば、臆することなく言えます。それはまちがっていると指摘されても、でも自分の意見ですと言えます。そしてまちがっているという指摘を受け入れて、まちがいかどうか検討し、まちがっていたと認めるのも自分です。

そして、あんたは自分、自分と言うけどねえ、自分なんてないんだよ、と言われたりしたら、断固、絶対に反対します。受け入れません。自分は唯一の存在だからです。ここが分かれ目です。わたしは、自分なんてないと言われたら、そうだよなあ、と思って、黙ってしまうでしょう。わたしは日本語を話し書く日本人です。そして日本人の多くは、わたしと同じように黙ったり、口ごもったりすると思います。絶対ということに引っかかってしまうのです。

カラスの勝手でしょ

自分について、ごちゃごちゃにならない、すっきりした自分はないだろうかと思います。しがらみだらけだと息が詰まってしまいます。一世代、ワンジェネレーションは30年を指します。その区分も、もう時代に合わないような気がするのですが、ひと昔10年とも言います。それで、そういう区切りよりも、もっと前になってしまいましたが、日本では、しがらみを切りたいという風潮が流行り言葉となって現われてきました。

わたしが覚えているのは、「あっしにはかかわりのないことでござんす」と「カラスの勝手でしょ」です。「あっしには」は1970年代の木枯らし紋次郎のせりふです。それから少し間をおいて、2007年の小島よしおの「そんなの関係ねえ」でしょうか。戦後の「ウェット」に対する「ドライ」から始まり、60年代末からの「うざい」に続いて、端的に関係を切る言葉になりました。

関係を切るというと、なにか積極的な感じがするのですが、そうではなくて、関係を切りたいという悲鳴のようでもあるのです。1960年代初めに「小さな親切運動」というのが始まりますが、それに対して「小さな親切大きなお世話」というまぜっかえしが流行りました。わたしは20歳代前半でしたが、大いに共鳴しました。わずらわしい、たとえ善意であってもおせっかいはごめんだという気持ちです。

でも、私にはしみじみとした体験もあったのです。小学校5年生の2学期から喘息が激しくなって3年間学校を休みました。横になれず坐ったまま、もたれて苦しむのもしばしばでした。ある時すぐ下の喧嘩ばっかりしている弟（それも弟のほうが強い）が、黙って入ってきて背中をさすってくれました。かまうなと背中で示しましたが、その時のことは今でも覚えています。

ただ、日本では、世間体を気にする干渉が多すぎるのです。お前のために言っているのだと言われても素直になれません、お巡りさんに言いつけるよ、先生に言うからね、も効き目がありました。わたし達は、大体のところ、人目に立ちたがりません。目立たずに黙々とひとつのことをやり続けることは褒められるのですが、オレがオレがは好まれません。

まわりの目線や干渉に対して、対抗するよりも引っ込む方を好む、目立たないようにしようとするのは、わたし達の基本的な姿勢だと思います。それは関係があり過ぎる世間への対抗の表れです、ここが七面倒くさいところです。なぜかというと、引っ込み思案の自分もそういう世間の一員で、そういう世間をつくるのにひと役かっているからです。そう思うとよけいに「関係ねえ」と言いたくなります。引き籠りたくなります。

だからというか、それゆえに、大人から、あるいは識者からしっかりしろと言われます。大人の「しっかりしろ」は、世間の裏表を身につけて、しっかり世間を渡ってゆけという励ましです。識者の「しっかりしろ」は、世間ではなく、社会の構成員として、義務と権利をわきまえた個人になれ、という教えです。両方とも短く言うと「甘えてないで自立しろ」になるので、こんがらがります。

世間は「渡っていく」という言い方があるように、人がどうこうできるものでなく、森羅万象がかかわって、「つぎつぎになりゆく」ものです。それで感覚も動員して、清濁併せて世間を身につけると「世渡り」ができる一人前になります。ちなみに、網を引く体力と判断の基準が一人前で、男の25歳くらいと水俣の網主から教わりました。

一方、識者の言う自立は西欧的な基準で、近代社会での自立を指し、成人が身につけたものです。成人とは義務をわきまえた個人で、個人は生まれながらにして、人格と自由と尊厳と権利を有しています。個人はキリスト教が認められた4世紀以降の人の概念であるとされます。わたし達が個人という考えを知ったのは、19世紀後半の明治維新からです。いまから150年前のことです。〈社会〉も明治維新以後、苦労してつけられた訳語です。

わたしは85歳になるのですが、まだ世間も社会も分かったとは言えません。なまじっか社会の知識を齧っているため、世間のことがこんがらがっているのかもしれません。でもわたしの無意識の振る舞い、言動は世間に通じているものと思われます。自分が使う母語に無意識に、思わず出てくるものは風土、土着による刷り込まれた文化だといわれます。日本語を使うかぎり、やはり私は社会よりも世間に生きているのだと思います。明治の初代文部大臣森有礼は英語公用化を唱えました。ありそうにも思えますが、日本語の私用化とは、そもそも不可能のように思えます。公私の区別はそう簡単なことでないということを森有礼は示したと言えるかもしれません。

東大闘争

今回も自分についてです。自分という問題はやっかいで、はっきりせず、この問題にかかわるのは危険だという、大人あるいは識者からの忠告もあります。1990年代は〈自分探し〉ということが流行りました。わたしは1960年代末に〈自己否定〉にとらわれました。〈自己嫌悪〉が頭に居座っていて、その思いを何とか振り切ろうとするのが〈自己否定〉だったのです。

〈自己否定〉はきつくて、そのゴールは死ぬほかないように思えて、そして死ぬとは自殺か、死刑に値する何かをするしかない、という思いに駆られます。でも手間とか費用とか、世間の評判とか、身内に及ぼす迷惑とか、考えるとなかなか一歩を踏み出せません。

自殺とか殺人はあれこれ考え出したら、できるものではないように思われます。考えなしの激情はあると思います。でも考えた末の激情とは、あるとしたら空恐ろしいように感じられます。直情径行と言いますが、直情とはすごく短くて、すぐに激情に代わってしまう感情かなどと思ってしまいます。直情とはあまり考えずに行動に移すことができる真っすぐな心です。真っすぐとは正しいということです。

激情はみさかいがなくなるというように、正しいのか間違っているのか判断がつかないような心の状態です。1960年代末は、もう50年をこえる昔になりましたが、全国に大学紛争が起こりました。発端は早大、日大、東大でした。原因は順に学費値上げ、23億円不正経理、冤罪でした。東大では医学部で起こった助手をつるし上げる糾弾行動で、その場にいなかった学生が処分され、法学部をはじめとする全学評議会がその処分を認めたことが発端でした。

わたしは東大闘争と呼びますが、東大闘争の背景は主として医師国家試験合格後の無給のインターン制度の問題でした。そして問題が全学に広がったのは、真理の探求の場としての大学で冤罪を認めるのか、という素朴な怒りでした。そして、そういうありえないことが起こったのは、教授や教授会の権威が封建制度によるものではないかという疑問でした。

医師になるインターン制度の無給も封建制度の徒弟奉公の名残りです。そして日大闘争はそもそも学生の自治がゼロに近いという封建制度への不満の爆発でした。戦後20年をこえた時点での、旧態依然とした日本への、若者の不満が、大学闘争が全国に広がった原因だと思います。

東大でもノンポリの学生が立ち上がりました。学生の革新的政治党派、いわゆる新左翼からは目覚めない大衆とされてきた一般学生たちでした。わたしはといえば、31歳、助手になって1年という身分でした。

助手は、ほぼ3年くらいの間の保障のない職種で、学生からみれば学生でなく、職員から見れば仲間でなく、教授会から見ればメンバーでない、という宙ぶらりんの職種です。奉公する教授の眼鏡に合わなければ、大学とは、おさらばです。つまり生殺与奪の権能を教授に握られているというわけです。

ただ、助手は学問の徒です。その道を外れてしかも学問にしがみつくとなればみじめです。助手も学生にならって、全学助手共闘会議を立ち上げました。でも、ここが限界というか、名前を隠した覆面組織でした。ただスポークスマンがひとり要るということで、なんだかなあ、新米のわたしがなりました。覚悟を決めたというわけではありません。明日はなんとかなるという時世でもあったのです。

大学紛争は熱が冷めたかのように終わります。司馬遼太郎は日本人の酩酊気質の表れと評しました。酔っぱらって暴れてしゅんとする、というのです。でも、どうして大学に行くのか、どうして学問をするのか、という問いは改めて残りました。そして、大学に行くのも、教授になるのも、飯のタネという問題も残ったのです。

わたしは、結局27年間助手を続けました。そしてなぜ学問をするのかという突きつけに対して、学問をするのでなく、問学をするのだ、と答えることにしました。学問とちがって、問学は右肩上がりに究極の問題の解決を図るという姿勢がありません。進歩がないのです。問学はやってゆくとだんだん分からないということが確実になっていく営みです。問学は分からないという悟りが目的だといいましょうか。禅問答みたいですが、「悟りとは悟らず悟る悟りにて悟る悟りは夢の悟りぞ」という江戸時代の詠み人しらずの歌があります。わたしの名前が悟なので覚えたのです。悟りとは、分からないということが腑に落ちる感慨というか落ち着きのように思われます。

自分探しは危険だということから、また横すべりしましたが、もとにもどって続けます。

ヘヤー・インディアン

自分ということについて、なかなかモヤモヤが晴れませんが、どうしてそうなのか、もう少し続けてみます。

このわたしを、当のわたしがはっきりつかむことができないというのは、どうも本当のように思われます。わたしを規定するのは、わたし以外の他の何かということになります。ではそういう他とは何なのでしょうか。世間ということが浮かびます。具体的にいうと、家族や友達や出身校や勤め先などです。自己紹介の中身は、どこで生まれたかに始まって、履歴を述べ、自分がどう思われているか、自分の評判を述べていきます。自己紹介とは、他己による自己紹介、つまり他己紹介なのです。

わたしとは、周りの人が思っているわたしを、わたしが編集してわたしにしている、と言えばいいでしょうか。でもそれでは周りの人が変わったら、私も変わってしまわないか。そういう不安が頭の片隅にあると、あなたの信念はとか、あなたの意見を述べなさいと言われると、どうしても口ごもってしまうのです。わたしの土台はもう少し変わらないものでありたいという思いは当然です。つまり、わたしにかかわる他者が変わらず、しっかりした他者であってほしいと願うのです。多くの人の、こういう願いが結実したのが、神や仏という存在です。動物神もいます。

文化人類学者原ひろ子が１９６０年代初めに調査した、カナダの北極圏のヘヤー・インディアンという狩猟採集民族がいます。10歳のころ森の中をさまよってクマなどの動物神が頭の中に宿るのを待ちます。宿ると村に帰って、以後一生の間、その動物神の教えに従って人生を送ります。そのこともあってか、ヘヤー・インデアンには教育という考えはなく、大人は一切教えません。動物神の指示を別にすれば、子どもは大人のやることを見て覚えるのです。原ひろ子が折り紙の鶴を折るのを見ていて、すぐに折り出したと書かれています。

神は次第に純化してゆくというか、現在、そのような神は、唯一神であり、世界を始めとして全てを創り出した創造神です。現在、世界でいちばん信者の多いキリスト教の神がそうです。神自身は永遠にして不滅で、いまのこの世界を創り、生き物を創り、最後に人を創りました。人は生まれるにあたって、日々新しい、つまり他にはない唯一の人格を神から賦与されます。

どういうことかというと、このわたしはこの世界で、過去から未来に及んで、たったひとつしかない人格をもっているということです。すなわち、わたしの自己同一性は変化せず、保証されているということです。自己同一性はアイデンティティと言います。私の考えや振る舞いは、それは社会や周りの人の影響を受けますが、どんなに影響を受けようと、わたしの考えであり、わたしの意見なのです。自信とか、わたしはわたしであるとか、尊厳とかは、この賦与された人格に由来するのです。

あなたのあなたとしてのわたしという、それぞれのあなたに振り回されるわたしでは、首尾一貫性を保てず、風見鶏のようだと言われます。昨日イエスと言ったのに今日はノーという、まるでバックボーンがなく、日本人は嘘つきだと言われると、パリから日本を見る位置にあった哲学者であり宗教家の森有正は言います。そう言われて、じゃあ、自立（自律）した個人になると決意して、そういう人になれるでしょうか。

明治維新から150年経ちました。脱亜入欧を掲げて、舶来文化文明を懸命に取り入れる努力がなされました。鬼畜米英、英語を学ぶことが禁じられる時代を経て、国民主権の憲法を持つようになってから70年が経ちました。わたしたちは主権者としての個人になったでしょうか。

わたしはいろいろ悩んできましたが、85歳の現在、そうした個人になれていません。わたしはわたし以外の何者でもない、当たり前だというわけには、なかなかゆかないのです。キリスト教を信じなさいと言われて、はいというわけにはゆきません。憲法に書いてあるのだからその通りにすればいいだろう、というわけにもゆきません。

信念とは、身につくというか、無意識にそのように考え行動するということです。常識でもあります。でも常識となると、周りの人もそのように考えているということですから、そんなこと常識だよと言い張っても、周りの人からそんなことないと言われると、非常識ということになってしまいます。

そんなこんなで、わたしは自立（自律）した個人になることをあきらめかけています。人格のこともありますが、何よりも神は人に自由のみを与えたということも身についていないからです。自由は自律を伴わなければ、他の人と暮らしてゆくことはできません。やはり、あなたのあなたとしてのわたしになっていきそうです。

パラダイムチェンジ

このわたしは、哲学者の森有正が指摘した〈あなたのあなたとしてのわたし〉というわたしであるほかないだろう、ということを述べてきました。欧米の〈自分は自分以外の何者でもない〉というはっきりした自分は、諦めるほかないのではないか、というマイナスの気持ちです。わたしはやはり強く、自立（自律）した個人でありたいと願ってきたのです。

でも、おそらくパラダイムチェンジに値すると思うのですが、最近はっきりと、わたしは〈あなたを欠くことができないわたし〉なのだと思うようになりました。パラダイムとは世界観とか価値観を意味するのですが、私たちが考え行動することの根本的な土台のことです。その土台が変わるということは大変なことです。

もう少しパラダイムチェンジについて、付け加えておきます。パラダイムチェンジは、トーマス・クーンというアメリカの科学哲学者が１９６２年に提唱した、科学の価値観は変化する、シフトするという考えです。日本でもその著書が１９７１年に訳されて、60年代末に研究者の卵になった私も影響を受けました。衝撃を受けたというより、ちょっと軽いショックのような感じですが、それには、選んだ分野が、手先がものをいうというような、生物の実験分野だったことが関係していると思います。その分野では、本を読むなとか、前髪は短くというような職人気質がまだ残っているような雰囲気があったからです。研究者というより職人修業を始めたという気分でした。

科学をするということは真理の探究でした。そしてクーンの与えた衝撃は、絶対の真理はないということにありました。17世紀後半に打ち出されたニュートンの絶対の真理の探究がついに相対化されたというショックなのです。20世紀初頭にアインシュタインが相対性原理を発表し、光は粒子だという仰天するような説も打ち出しました。光は波に決まっているのであって、粒々という不連続なものと連続している波とが両立することなどありえません。今だって、わたしは、光は波でかつツブツブだとはとうてい思われません。

ところが、原子の構成要素の電子の研究をめぐって、ついに波か粒子かでなく、波であり粒子なのだと言われることになります。物理で量子力学という分野が確立して、

1930年代からはその分野のノーベル賞受賞が続きます。その初期のひとりのハイゼンベルクは「これからはあれかこれかでなく、あれもこれもだ」と言いました。どうしたって真実だと思われることはひとつでなく、いくつもあるというのです。

テレビで田村由美の漫画『ミステリと言う勿れ』の連続ドラマが始まりましたが、解決解読青年という主人公の久能整が「事実はひとつ、でも真実はいくつもある、ひとりひとりの真実がある」と言います。いま、カルロ・ロヴェッリという量子物理学者の『世界は「関係」でできている』という本が西欧でベストセラーになり、日本でも翻訳されて話題になっているのですが、その本の始めに、オブザーバブルな（観察できる）ものだけが事実であり、真実としか思えないことはいくつもある、そのことを明らかにしたのは、1925年、23歳の若きハイゼンベルクであった、ということが書かれています。

クーンのパラダイムチェンジは、17世紀に始まった科学の拠って立つ、そして目標である絶対原理でなく、相対原理なのだということです。言い換えると、科学にゴールはなく、ずぅーっと続く終わりなき営みだということです。もう少し説明します。世界は神の定めた巻物が少しずつ巻き広げられてゆくのだという見方があります。人間にとっては新しい事柄が展開してゆくのですが、本当のところ、何ひとつ新しいことは起こらないのです。これが絶対の世界です。世界の始まりと終わりがあり、全てのことに始まりと終わりがあり、終わりは全ての完成なのです。巻きほどけることをエボルーションと言い、進化を意味します。種が進化して人が生まれたという言い方をします。人は何から進化したのでしょう。サルからと言ったのが19世紀後半のダーウィンの進化論です。その『種の起源』という本は明治時代、日本ですぐ訳されたのですが、日本ではその内容について社会問題にはなりませんでした。サルから人になったなんて、とんでもないことだという反応がなかったということです。

欧米、特にアメリカでは違います。21世紀になってもアメリカでダーウィンの進化論をきちんと認める人は15%くらい、まあまあしょうがないという人が25%くらい、認めないという人は60%くらいです。神と人と自然ははっきり分かれていて、人は神が世界を創造するにあたって、最後に造った〈神の似姿〉なのです。サルはあくまでも自然界に属するのです。

人間と畜生

4月のひかりかがやく空の下で、唾を吐き歯ぎしりしながら、行ったり来たりしている、わたしはひとりの修羅なのだ——宮沢賢治の詩「春と修羅」の一節の大意です。修羅は人間の下に位置し、修羅の下は餓鬼、餓鬼の下は畜生です。畜生は人間以外の生物を表しますから、人間という生物とその他の生物の間に修羅と餓鬼がいることになります。修羅は絶えず戦い争い、苦しみと怒りが絶えない人の一面であり、餓鬼は栄養不足の子どものようにお腹が膨れ、飢えと渇きに苦しんでいる人間の様子です。

どうして賢治の詩を持ち出したかというと、賢治の苦しみは別にして、私たちは人間以外の生物とはっきりと一線を画していない、ということを言いたかったからです。人間が動物になったり、動物が人間になったりする民話もいっぱいあります。ただ区別はします。

区別は動物が畜生であることから起こります。お墓に一緒に埋葬するか、家族同様の犬や猫はどうか。認めない、一般廃棄物として認める、うるさいことは言わないなどがあります。一般廃棄物とは故人の遺品、例えば眼鏡などを言います。猫はどうでしょうか。猫は化け猫になったりします。

水俣に、胎児性水俣病で21歳で亡くなった上村智子さんの碑があります。乙女塚といいます。砂田明さんが建立しました。砂田さんは東京の芝居の地球座の主催者でしたが、巡礼団を組織し、水俣まで行脚して水俣病患者支援のカンパを集めました。水俣に居を移して水俣病患者支援を続けます。

乙女塚には、水俣の貝塚の出土品や水俣病で死んだ猫を一緒に葬りました。魚を別にすれば、猫は水俣病を発症した最初の動物でした。鼠を捕る猫は漁村では必須の動物でどの家にも猫が居ました。猫への愛着や猫の狂い死にへの思いはひとしおだったと思われます。

ところが、乙女塚への猫の共葬に地元から、畜生を一緒に葬るのかという強い反発が起きました。わたしたちは畜生への愛着と共に人と畜生をはっきり区別するのです。人は死んだらゴミになると言った有名な人がいますが、人は死んでも人なのです。生産性ゼロという理由で、重い障害者をゴミとみなすことも、ＩＱ20以下は人間ではないという定義も、日本では広く行き渡ることはないと思います。

砂田さんは批判から逃げず、石牟礼道子の『天の魚』を脚色した独り芝居を全国上演し、14年目の1993年、556回目の公演を終えたところで亡くなられました。『天の魚』は胎児性水俣病の孫の少年と生きる、老漁師の述懐です。ついでにと言ってはなんですが、わたしが責任運営者となった2006年の和光大学水俣展で、13年ぶりの『天の魚』の復活上演が行われました。演者は川島宏知さんです。川島さんはその後も公演活動を続け、現在は江良潤さんの公演もなされています。

話は人間と生き物・動物はつながっているかどうかでした。人はゴッドが最後に創造した〈神の似姿〉だとするかぎり、人と生き物のつながりは断ち切れています。もっと言えば人と自然も別です。自然はゴッドから人へのギフトであり、人は自然を管理保護する義務があります。17世紀初頭、帰納法という方法で科学を軌道に乗せたフランシス・ベーコンは、自然は拷問さながらに痛めつけないとその富を吐き出さない、と言いました。自然は感情なしに、客観的に見たり扱ったりできる、対象なのだということをよく表しています。動物愛護とか自然保護という考えも、そのような自然の見方をよく表しています。

私たちは明治維新まで、そのような自然の考え方をもっていませんでした。自然は〈じねん〉と読み、おのずからしかりという意味でした。森羅万象全ての事柄は関係し合って、おのずから成っていく、という意味です。因果関係をたどり、はっきりさせることは、ほとんど不可能なのです。ひと言でいえば、物事は相対的なのです。

相対の反対は絶対です。先ほど取り上げたフランシス・ベーコンの経験科学に続いて、17世紀後半、アイザック・ニュートンが絶対科学を打ち立てました。１６８７年のことです。そして20世紀に入り、１９０５年、アインシュタインが相対性の考えを発表します。絶対性が〈あれかこれか〉の二者択一に対し、相対性は〈あれもこれも〉という欲張りで優柔不断なのです。相対性の考えは、量子力学に発展し、ついに、物事は階層的な積み上がりのネットワークをなし、物事の因果関係を決めるのは人の頭脳だということになります。

物事は〈なりゆく〉のです。でも、因果関係は人が切り出したものだといっても、現実には、その因果関係を使って、高度な科学技術文明を築き上げました。ただ、その文明が富と国家の独占欲とあいまって、修復不能なまでの環境破壊を招いていることも事実です。切れ味の鋭い〈あれかこれか〉と亀の歩みのような〈あれもこれも〉を考えます。

決断を躊躇するわけ

〈別にぃ〉という言い方はいつごろからでしょうか。〈にぃ〉は語尾上げします。語尾上げも相手に承認を求めるニュアンスをはじめとして、複雑な意味合いをもっていますが、〈別にぃ〉も語尾上げすることで、よけい意味深長になっています。子どもたちが使うようになったのもいつごろからでしょう。

母親に何食べたいのと聞かれて、〈別にぃ〉と答える。食べたくないのではありません。迷っているのでもないのです。親の懐具合いを承知していて、高いものはまず除けておいて、ラーメンにチャーハンを食べたい、餃子も欲しいなと思う。だけど二つも頼めないし、どれにしようか、ラーメンか、チャーハンか、決められない。そして親なんだから、子どもの好きなものくらい察してくれよとも思う。あれやこれやで仏頂面で〈別にぃ〉というのです。

大人だって〈あれもこれも〉食べたいので、半チャーハンはできないのかというような注文が重なって、ラーメン・半チャーハン定食などというメニューが定番化します。欲張りといえば、お子様ランチがあります。ひと揃いそろっていて、大人になっての身からはキラキラ輝いているのですが、子どもとしてははじきに卒業して大人と同じものを食べたくなります。〈別にぃ〉はそういう時期に入った子どもの表現ですが、大人と共有するひと筋縄ではいかない子どもの心情をよく表していると思います。すでにものごとを決めることのむずかしさをわかってきているのです。

忖度や空気を読むは、ちょっと脇に置いて、私たちの〈あれもこれも〉を考えると、欲張りのほかに、決めることとの困難、躊躇が込められていることがわかります。どうして決められないのか。どうして選択できないのか。それは私なる者の根拠がはっきりしていないからだと言えます。自信がないのです。というか、これしかないという決まり感が出てこないのです。どうして選んだのかという問いに、何々と答える、その答えにまたどうしてと突っ込まれる、三回目くらいには言葉に詰まってお手上げです。

それで、決断するという抜き差しならないことになると、もう普通の状態ではないのです。戦争を始めるとか、人を殺すという場合、かぁーっとなって判断停止になる、あるいはお祭り騒ぎで気分が高揚する、あるいはヤクに頼って我を忘れる、というような状態にならないと無理です。日頃おとなしい人がそういう状態になることを司馬遼太郎は、日本人の酩酊気質と名付けました。

子どもにもどると、アメリカの医師の述懐に、自分は〈なぜなぜ坊や〉だったというのがあります。お母さんが付き合うのですが、最後には〈That's that!〉と言います。訳すとすれば、「神様の思し召しよ」になるでしょうか。日本でもそう言うお母さんはいるでしょうが、まあ、〈しょうがないでしょ、そうなってんだから〉のほうが普通かもしれません。わたしもなぜなぜ坊主ではあったのですが、聞いても答えはないとか、迷惑をかけちゃいけないとかで、問いを飲み込んでいました。多分みんなもそうなので、ここにも人に迷惑をかけない、遠慮するという日本人の心性が育っているのかもしれません。子どもの〈別にぃ〉にも、すでにこの心性が育っているのが見て取れます。

ただ、自分の言ったこと、したことの原因、あるいはものごと一般の原因追及については、大きくは世界観が問題になってきます。宇宙と重ね合わせた世界とその始まりを、どう見ているかということですが、始まりには何もないと思うか、混沌としていると思うか、そして何もない「無」だとしたら、世界はどのように始まったのか、あるいはどのように創られたのかが問題になります。また出現したにしても創られたにしても、その理由はあるのかないのかが問題になります。

世界は始まったのか、始められたのか。科学ではビッグバン説が有力で、私たちもなんだかわからないけれど、そうかなあと思ったりしています。ただ説明を聞いてもわかったとは言えません。1秒のマイナス1乗というと0.1秒です。で、宇宙の始まりのマイナス36乗秒後からマイナス34乗秒後の間にビッグバンが起こったという仮説です。シャンパンの泡1粒が、光速より速く一瞬のうちに太陽系以上の大きさになるという説明があります。想像力が追っつきません。ですが、宇宙の始まりからマイナス36乗秒後まで、とにかく宇宙は始まっているのだから、そのあいだ、宇宙はどうしているんだろうという疑問がわきます。でも、その疑問には、今の科学の能力では答えられないそうです。となると想像の出番です。

宇宙・世界はおのずからしかり、〈なるようになっていくのだ〉がひとつ、いや〈神が創られたのだ〉がひとつ。後者には神はその後どうされているのだろう、今人間世界のことをどう見ておられるのだろう、という問いがついてまわります。

ユリイカ

わかるは分かると書きますが、なんだかものごとがおのずと分かれたみたいです。あの人とはわかれました、と言うときは、別れましたと書きます。ひとつの物が二つに分かれるとは、自然現象について言われます。細胞が二つになる。細胞分裂と言います。私たちの体は卵に精子が入って程なく二つに割れ、それぞれが割れて4つになり、というように増えてゆきます。ひとつの細胞がくびれて二つになるのですが、その機作は複雑です。生物では機械での、分解したり組み立てたり渡したりする機能やメカニズムを機作と言います。

ただ、誰かが、あるいは何かが作業している、分けているとは言えないので、自発の分かれるとかくびれるとかいう言い方をするのです。「わかった！」という言い方はどうでしょうか。突然わかったりするのです。夢の中でわかったりもするので、どうしてわかったのか、とっさにはわかりません。紀元前212年に死んだアルキメデスの「ユリイカ（わかった）！」は有名です。お風呂に入っているときに、浮力の原理を思い付いてお風呂から飛び出し、街なかを裸で「ユリイカ！」と叫びながら走ったというのです。この場合はお風呂の水かさが増えたということがヒントになっています。〈わかる〉は記憶や理屈や経験が組み合わさり、〈ひらめく〉という感激や満足の念が起こります。

つまり、〈分からない〉という思いは、充たされない、気になる、落ち着かない、済まない、などという気持ちを伴っています。そして〈分かる〉と落ち着き、安らかになります。そうすると、ここで、二つの思いが湧いてきます。ひとつは、なぜ分からないのか、ひとつひとつ段階を踏んで整理していくと、そういう仕方で最終的な分からないという〈分からない〉に到達できるかということです。二つ目は、その最後の〈分からない〉の答えはあるのか、ということです。

そんなことに付き合うひまはない、とわたしも思うのですが、意外にも決着はついています。最終的にという区切りがいけないのです。最終的かどうか分からない。それで最後の〈分からない〉に対する答えはあるかという問いは意味がなくなってしまうのです。分からないということに留まるしかありません。そのことに納得すると、物事は〈なりゆく〉のだ、ということになります。言い換えると、物事が生じたり変化したりすることの理由は大元ではわからないので、そういう事象は〈始まった〉のであり、そして次々と〈なりゆく〉のです。

遡及するという言い方があります。さかのぼってゆく、あるいは下に降りてゆくのです。源泉が見つかり、底に行き当たります。ところが源も底もなく、不可知の霧が立ち込めているばかり。さて、引き返すか、立ち止まるか、入ってしまうか。「引き返す」は論理学や数学や自然科学のあり方です。論理学や数学は器を定めて、その枠の中で考えてゆきます。その方法を演繹と言います。自然科学は同じようなものを集めて共通の性質を定めてゆきます。このような方法を帰納法と言います。卵は丸いと思っていますが、ほんとうにそうか、それで、1000個くらい集めて、みんな丸かった、だから卵は丸いと結論するのが帰納法です。でも1001個目が三角だったら、卵は丸いという性質は破棄されます。それで科学には終わりがないと言われるのです。

第二の「立ち止まる」ですが、じっと底なしを見続けるというか、説明のつかない体験（神秘体験）をするというか、そういう人に17世紀前半のドイツの靴職人のベーメという人がいます。底なしのなかに意思を見て、いや底なしそのものが意思で、その意思が底を造り出す、いわば無底の底です。それをベーメは見たのです。意思とは無底の底である。底というとなんだか単純のように思えるのですが、意思というと途端に複雑の極みになって、その単純さと複雑の極みが結びつくのをベーメは（心）眼で視たのです。常人には無理です。

最後の「入ってしまう」のは、たやすいというか常人のふるまいです。ただ南無阿弥陀仏と唱えるだけでいい、易行《いぎょう》といいますが、普通の人ができる信心です。そのような易行のひとつとして、素直に〈分からない〉を認めてしまうのです。どうせ分からないじゃなく、〈分かりたい〉遊びのあがりみたいな感じです。〈分かりたい〉と夢中になって取り組むけれど、あがりは〈分からない〉に決まっているようなゲームです。

実はわたしは遅まきながら「入ってしまう」のひとりです。「不可知の霧」の中に居るものとして、58歳のときに少し大げさですが、「問学」宣言を出しました。問う学問です。いろいろな結論に距離を置きます。事実であるかのように飛びつかないということです。〈ＩＱ20以下は人間でない〉も、そういう結論のひとつです。

決まる

前回は「わかる」についてでしたが、実際に分ける行為があって、その分類の意味や分類の仕方を「わかる」というのだと言われます。とすると、「分ける」という能動的な行為の結果を「分かる」と言い、それが「解る」とか「判る」という意識の働きと密接不可分だということから、「わかる」を「分かる」とも書く、というようなことが想像されます。ちょっとゴチャゴチャしましたが、おのずと分かれたかのような印象を与える「分かる」という言い方はなんだか不思議だと言いたいのです。

「決まる」も人為を越えて決まったかのようです。「決めた」は、私が、誰かが、或いは集団で決めたのです。例えば三色の白・赤・黒の球があるとして、それを同じ色に分けようと決めて、その作業が終わったとき、色分けが決まったのです。というとなんだかおかしい気します。三色に分けようと決めたときに色分けは終わった、つまり決まったのです。「決める」と「決まる」は同時で、しかも決めなければ決まりません。となると、同時ではあるけれど前後関係があると言わねばなりません。「決めた」から「決まる」のであって、「決まる」から「決める」のではないのです。

じゃあ、決めれば決まるのか。当たり前だ、決めれば決まるに決まっている、と思うのですが、さにあらずなのです。

1メートルのひもを半分に切るということを考えます。2本のひもの長さは同じであるとしてそれぞれの両端に名前をつけます。1本目の一端に0センチ、2本目の一端に1メートルと名付けます。すると残っているのは切った両端です。その一つの端は50センチと名付けられます。残った端は何と名付ければいいでしょうか。50センチとは名付けられません。違う両端に同じ名前は付けられないからです。50センチ未満ではどうでしょうか。正解です。でもなんだか曖昧なので数字を使って名付けられないでしょうか。答えは名付けられない、です。1本の線を半分に切るとその両端は、50センチ未満と50センチ、あるいは50センチと50センチ以上です。両方とも数字で表すことはできません。つまり切り口の両端のどちらか一方は数字で表せない、ということです。決めた、けれど決まらないのです。どうしてこんなことが起きるのでしょうか。

数字はデジタルで、隣り合う数字の間に隙間があります。つまり数字が1、2、3とならんでいるとして、数字を点で表すと、・・・となって点と点の間に隙間があるということになります。1.9と2.0としても隙間は小さくなりますが、やはりあるのです。ところがひもや線は連続で隙間がありません。それで1メートルのひもをちょうど50センチのところで切ると〈49・9…と50センチ〉か〈50センチと50・0…1センチ〉になります。〈…〉は前者では9、後者では0がいくらでも続きますよ、という記号を表わします。つまり数字と数字の隙間はどんどん小さくなりますが、どんなに小さくなっても隙間はあるのです。それで50センチで切ってできた両端は〈50センチに近い49・99…センチと隙間〉と〈50センチ〉というように表されます。パース（1839〜1914）はそのような隙間を、切った断面から無数の数字が次々に飛び出してる、というように表現しました。パースはアメリカ最大の論理哲学者・自然科学者と言われますが、500編にのぼる遺稿がハーバード大にあるそうです。

〈決まる〉、けれども〈決まらない〉の例としてはあまりふさわしくなかったと思いますが、〈決めた〉、そして〈決まった〉からには〈実行する〉とは限らないということを言いたかったのです。

有言実行という言葉があります。そして不言実行もあります。有言とは独り言でなく、ほかの人にも聞こえるように、わかるように言うことです。公言とも言います。そして何かすることを公言すると、そのことは自分の手をはなれて決まったことになって自分に向かってきます。〈決めた〉といったよな、というような自分に向かっての駄目押しのようです。〈決まる〉とはブーメランのように自分に返ってくる〈うながし〉でもあります。もう後には引けないのです。

戦争をするとか、人を殺すというような〈大ごと〉の場合、この駄目押し、後押し、促しは、必要で大事なことです。これが神の声としてやってきたときは、有無を言わさず〈決まる〉が〈決まった〉になります。あり得ないことではありません。もちろん神の声を聴いたという嘘も含めてあり得ることです。

でも、そこで〈待った〉という声が響くこともあるのです。どこからかわかりません。自分の内心、奥底、あるいは無意識の領野、あるいは本能、いつ組み込まれたのかわからない鉄則のようなものなのかも知れません。あるいは私たちが今生きている原動力の〈いのち〉から発せられたのかもしれません。ひと言でいうと、良心ということになります。

割り切れない

分かる、決めるをめぐって少し書きましたが、関連する表現に〈割り切れない〉があります。決着がつかず、すっきりしない気分を思います。円周率πは割り切れない値です。ギリシア時代には円を完全とする考えがありましたが、その思いを私たちは円満と言い表しています。何も欠けることがない、そのことを数字で表そうとしても無理だということがπという記号に込められています。完全とか円満は割り切れないのです。

どっちかに決めることを二者択一と言います。二者択一を迫られると言うように、なにか追い込まれた感じです。あれやこれや考えても決められない、でもなにか言わなくてはいけない、そういうときが多々あります。それでしょうがない、お茶を濁すということになります。どっちに決めたのかわからないような曖昧な言い方をします。割り切れないということを何とか表現しようとするのです。

白か黒かはっきりさせるという場合、事態は灰色と言っていいでしょう。灰色は黒と白を混ぜます。黒に白をほんの少し混ぜた場合、あまり変化は起きません。でも逆に白に黒をほんのちょっと混ぜると、明らかに灰色になります。つまりちょっとでも疑いがあるとやったに違いないと思われる、それで、自分は清廉潔白、無実であることを証明することを強いられる。黙っていれば黒にされてしまいます。でも自分が灰色でないことを証明することは場合によってはむずかしいのです。

ほんのちょっと混じった黒を自分では自覚できないことがあるからです。白か黒かはっきりさせるという事態は法にふれる犯罪を巡って起こるのが普通ですが、日常的には人を差別する、あるいはいじめるという場合に多く起こることです。差別したつもりはない、いじめたつもりはないときっぱり言えるのですが、された方は黒だとしか思えないのです。

灰色と言っても黒と白の間でこれが灰色と決められない、ということを言おうとして話が少しずれました。灰色は感情表現としては、曖昧、不安、控えめ、憂鬱、慎重、陰気、思い出、寂しさなどが挙げられていますが、色としては白と黒に限らず、黄色をはじめいろいろな色が加わって、桜鼠とか利休鼠、深川鼠など多彩です。

割り切れないとは、はっきり輪郭が決められないことです。月の暈《かさ》はにじんでいます。

雲の縁もはっきりさせられません。横山大観は朦朧体という画風を確立しましたが、その背後には水墨画という伝統が広がっています。灰色と感情のつながりに、控え目とか陰気とか寂しさがありましたが、陰と陽で言えば陰の感情です。戦後、ｗｅｔとｄｒｙという言葉が流行りました。ｗｅｔは戦前、ｄｒｙは戦後、アプレゲール（戦後派）を指します。歌で言えば、歌謡曲、演歌に対して、ジャズやポップ、ロックなどでしょう。

ドライは自立志向をバックにしながら、〈情けは人の為ならず〉の解釈が、情けをかけるのはその人の為にならないになるというふうな傾向を推し進めてゆきます。本来の意味は、情けをかけるのはその人の為というよりは自分の為なのだということです。情けをかけるということ自体がウェットなのだという思いが背景にあります。総じて人との関係を切ることがドライなのだ、という風潮が若者を中心にして広がったのは否めません。

でも、人との関係を絶ち切って人は生きてゆけるのかという思いもまた私たちは断ち切れません。私たちの身に沁み込んでいるのは〈移ろい〉です。世の中は常に変わりゆく、無常です。それゆえに人との関係は変わらずに温めてゆこうという思いを情と受け止めます。私たちは四季が変わってゆく風土の中で、有情無情の世を渡っているのです。有情をウェットとすれば、さばさばするドライよりも、やはり私たちはウェットの方に傾いていると言わざるを得ません。哲学者の和辻哲郎は湿潤の日本を生の横溢《おういつ》と呼び、乾燥の砂漠を死との対峙としました。

横はあまりいい意味ではなく、横死とか横暴とか、横着とか、それで横溢は抑え込んでもあふれ出してしまう、手が付けられない旺盛なサマなのですが、なにか物を言わなければならないとき、あれもこれもで整理がつかない状態、あるいは逆にそのことが災いして何も思い浮かばない状態になって、ウーとかアーしか言えない、すると、いい加減はっきりしなさいよ、煮え切らないんだからと言われてしまいます。

煮え切らないのも割り切れないの内です。ノーと言えない日本人と言われるのもそうです。ノーと割り切るといろいろと差し障りが生じます。だからといってイエスというわけにゆきません。すると曖昧な微笑でごまかす日本人と言われてしまいます。「いかのぼりきのふの空のあり処」(蕪村)。情況はいつも絶えず変わっているのです。

問学

問学とは聞きなれないと思われるでしょう。私が勝手に使っている言葉なのです。問学とは問うことが主の思考、といえばいいかなあと思っています。学問をただひっくりかえしただけと言えば当たらずといえども遠からずです。上下をひっくり返すが連想されますが、上を下にするというと、形而上学を形而下学にするみたいです。形而上とは形を超えるという意味で精神とか心がまず思い浮かびます。それに対して形而下とは形があるもの、身体を指します。〈こと〉に対して〈もの〉です。

学問にも問いが入っていますが、ただ、問うことはあくまでもスタートで、なにか新しいことを示すのがゴールで、成果とか業績と言い、私たちの生活や思いに何か、というか、まわりまわって、影響や変化をもたらすことになります。私たちの生活に直接影響するのが形而下学の科学です。物という字が入っているのが物理学で、化学には変化の化が入っています。生物学はずばり生物に関する学問です。

学問と書くとき、学門とまちがえることがあります。無理もないことで、学問にはそれぞれの派（シューレ）があり、志す者はその門をたたき、門下生にしてもらわなければいけません。現在では、学問を志す登竜門である修士課程に入ると、指導教授が決まります。この時点で大方シューレが決まるわけです。自然科学系ではシューレというよりは分野を選ぶのですが、人文社会系では分野とシューレが分けがたい面もあります。

いずれにしても教授の権威は絶大で、二人きりで面と向かうと、緊張で体が震えてくるようでした。私も学生のころにそのような経験をしました。1960年代から70年代にかけて全国で大学闘争（紛争）が起こり、教授の権威は失墜し、専門バカとかバカ専門と言われるほどになりました。私もまたその渦中にいました。ただし助手という身分でした。今は助教と呼ばれますが、助手は学生でもなく職員でもなく、といって講師以上の教授会メンバーでもないという宙ぶらりんの身分です。そのような身分の者がどのように大学闘争（紛争）に関わったか、別の機会にお話する機会もあろうかと思いますが、学問でなく問学と言い出す端緒は、この大学闘争にあったのです。

何のために学問を志すのか。末は博士か大臣か。明治以来言われているこのモットーは、半分がた本当のことです。地位はその高さに応じて自分のやりたいことを支えてくれます。ではやりたいことは何か。世のため、人のためになることだ。変わることのない普遍の真理の探求だ。人の役に立つのか――うーん、わからない。わからないのになぜ志すのか――うーん、わからない。

だいぶ端折った問答ですが、応用科学や制度の改良などの具体的な目標のある学問とは異なり、形なきものについての学問は損得や功名心では目指す理由にならないのです。そして学問という場合は、何故やるのかという問いにははっきり答えられない形而上学や純粋科学が主として含意されているのです。

哲学や理論科学や数学はわからないことだらけです。当たり前のことで、だからこそ、その一端でも解き明かそうと取り組むんだ、わたしもそのひとりでした。いや、そういう高尚な学問でなく、通常科学のひとつの問題に取り組んだだけですが、何をやっているんですかと問われて、ウナギのホルモンですと答えると、いやー、かば焼きは精がつきますからね、頑張ってください、というような励ましが少なからず返ってきて、なんだか違うんだけどなあ、とぼやくのです。やはり未知の探究とその応用は別なのです。

何のために研究するか。立身出世のためとは思わないし、人々の生活を豊かにするためとも思っていないのです。じゃあ、何のためにか。私の場合、事の発端は、ひとりの医学生が明らかな冤罪で処罰され、それを大学の総意でもって、是認したことでした。それが大きな大学闘争（紛争）になりました。学生は何のための研究かと教授たちに詰め寄りました。教授たちは答えられませんでした。それはそうです。なんと答えても、冤罪の承認とは背反してしまうからです。中には、私も父親であり、家庭がある、稼がなければならない、と口走る教授も出てきました。火に油を注ぐようなものです。それは普通の人のことだ、なぜ教授の権威を笠に着て、ひとりの学生の運命を踏みにじるのかと、学生はさらに詰め寄ります。

私は、自分が追及されているかのようでした。学問の門の一歩手前、あるいは一歩踏み出したかのような身分の者にとって、学問は身過ぎ世過ぎだとはさすがに言えませんが、内心はどうか、といえば、助手になってホッしていることは事実なのです。

政治家の嘘と違って、真理の探求を、ともかく、目指す学者において、嘘をつく、冤罪に加担することは許されません。次回続けます。

高見順の『敗戦日記』

思い込んだら命がけ。灰田勝彦の１９４０年に爆発的な人気を得た歌謡曲「燦めく星座」の一節です。日本が太平洋戦争に踏み切ったのが翌年の１９４１年ですから、思いを決したら命を懸けてやり切るという思いとこの歌詞が重なって人々の心をとらえたのだと思います。この歌は〈男純情の〉で始まり、〈思い込んだら命がけ〉の歌詞は〈男のこころ〉と続きます。男に限らず女の人でも眦《まなじり》を決した人は多かったと思います。

作家の高見順の『敗戦日記』が昭和40年、文藝春秋新社から出ています。本のケースの表紙は裏表とも昭和20年8月15日の朝日新聞です。表紙は新聞の一面で、右から左へ大活字で〈戦争終結の大詔渙発さる〉とあります。そして詔書全文が載っています。号外ではないので不思議な感じです。もしかしたら午後発行されたのでしょうか。ネットで調べたところ、この日の新聞は天皇の12時からの放送に合わせて午後に印刷、配達されたそうです。

さて、高見順の8月15日の日記ですが、「詔書の御朗讀。やはり戦争終結であった。」のあとに「遂に敗けたのだ。戦いに破れたのだ。」とあります。〈終わった〉と言わずに〈敗けた〉と言っています。その前の個所に「それとも、――或はその逆か。敵機来襲が變だった。休戦ならもう来ないだろうに……。」単なる終結の〈お言葉〉ではないのではないかという疑念と覚悟が漂っているようです。そしてそれに続く箇所が異様です。

「ここで天皇陛下が、朕とともに死んでくれとおっしゃったら、みんな死ぬわね」と妻が言った。私もその気持だった。

なんだか鳥肌が立つようです。私は国民学校3年生でした。正座をして聞きました。普通の口調でなく、何を言っているのか殆どわかりませんでしたが、戦争が終わったらしいことは母親の様子で感じたのだと思います。父親は居ません。東京に居て、私たちは家族で疎開していたのです。母親は号泣したり喜んだりしませんでした。ラジオを聞いた後のその日のその後の暮らしぶりも記憶にありません。たぶん大きな変化はなかったのだと思います。

高見順の奥さんの言葉とそれに賛同する高見順の思いに衝撃を受けたのは、一億総玉砕があり得たかもしれないという思いと、日本国消滅という思い込みが一瞬にしてなくなったのだという思いが重なったからだと思います。また高見順が東大出身のインテリ作家だということも加わっています。インテリとか庶民の区別なしに人間は洗脳されるということか、いやインテリとしては、挙国一致の不敗の神国日本は消滅するしかないと考えたのか、天皇のひと言によって、そういう道筋になったのかもしれないと思うと、やはり身震いしそうです。

戦艦武蔵の生き残りの少年農民兵士の渡辺清は、『砕かれた神——ある復員兵の手記』の中で、待ったなしの稲の刈り入れなどの農作業をしながら〈一億総懺悔〉が言われ出したことについて、やり場のない鬱屈を記しています。誰も責任を取るものがいない。自分が責任を取るほかないと、少年兵志願のころから戦艦武蔵の最後、そして「天皇裕仁氏への公開状」などを書いていきます。

退却を転進と言い換えたり、敗戦を終戦とするのは、たしかに姑息なごまかしです。でも敗戦77年の現在という時点で考えてみると、戦争は〈終わった〉という思いはたしかな実感であり、また私たち日本人の変わらぬ考え方、ものの見方ではないのかと思われます。責任についても、意図的なごまかしは別にして、〈責任はとれない〉のだと思います。なにかしてしまったことに対して責任はあるのです。でも誰の責任かとなると困ってしまうのです。

〈責任はあるが責任はとれない〉が日本人の大元の、そして変わらない考えです。どうしてそうなのか。それはものごとが〈なりゆく〉からです。森羅万象、この世界の、この宇宙のありとあらゆるものごとが関係しあって、ひとつのものごとが生まれる。そのあり様を〈なりゆく〉と言います。このような考え方をインドで生まれた東洋思想では〈縁〉と言います。ご縁ですねとか、縁もゆかりもないと私たちは言ったり思ったりします。

つい「茶碗がわれた」と言ってしまいます。とっさに「私が茶碗を割った」とは言いません。責任回避、責任逃れなのかというと、そうとも言えません。責任をとれと迫られて、たとえ弁償したとしても、なじんだ茶碗、愛着や使い手の人生がこもっているような茶碗はかえってこないのです。また、私が割ったと言ってもわざと割ったのでなく、いろんな事情が絡まって、茶碗は私の手を離れて落下したのです。

ライアル・ワトソン

カルトとかオカルトという言葉が、いま、新聞紙上やメディアに多く載っています。カルトとはセクト、党派のことです。オカルトは、目で見たり、触ることができない出来事を言います。1960年代末にノンセクト・ラジカルという言葉が使われました。過激無党派という意味ですが、ラジカルには根を掘るという意味もあり、無党派根ほり派と呼ばれます。わたしもその一員とされましたが、わたし自身も当たらずとも遠からじと思っていました。

フリーラジカルは化学用語で、遊離基と言います。他の原子基と結合していない不安定な原子基です。原子基はいくつかの原子が結合してひとつの機能をもっているのですが、人間でいうと、一匹狼とか孤立無援とかがあてはまります。そんなにおおげさでなく、徒党ではなくひとりで何とか頑張るのだ、というふうに私は思っていました。

脇道にそれました。オカルトは超常現象や神秘体験、奇跡などを意味し、どうしてそのような事がおこるのか、説明できない、わからないことを指して言います。2008年に亡くなったライアル・ワトソンは、動物学者ですが、精力的にオカルトに取り組み、多くの著作を残しました。日本にも来て、相撲の本を書いたり、日本は礼節の国だという印象を述べています。スーパーネイチュア（超自然）という言葉を造語し、その題名の本（1974）は世界的なベスト・セラーになりました。その後の『生命潮流——来たるべきものの予感』（工作舎、1981）は生命を潮になぞらえ、「さまざまな力が自然の中でうず巻き、合流して生きた本流となる。この流れが生命潮流の実質」だとしています。序文の最後を次のような文章で終えています。

解答が見つからないといって神秘主義的なまじないや神々などに救いを求めたり、絶望したりすることはないと思う。私はかえって矛盾に充ちたわれわれの自然界に対して強い誇りをもつ。昔から疑問のあった問題に対しては、新たな、より有意義な問いかけをする決意を抱き、われわれが神秘に充ちた奥深い宇宙の一部であるということに変わらぬ驚嘆と歓喜を感じるのである。

ちょっと引用が長くなりましたが、わたしの解釈を足すと、なんとこの宇宙や生命はすごいことか、わからないことは当たり前として、その上で問いかけをあくことなく続けよう、と言うのです。『生命潮流』の最初は、ワトソンの『スーパーネイチュア』を読んだヴェニスの父親から手紙が来たという話で始まっています。

5歳の娘が前代未聞のことをやり始めたので一度来て見てほしいというのです。実際に見たのは、その子がいとおしげにテニスボールを手に取って、やわらかくポンと叩くとテニスボールがひっくり返ってしまったことです。ワトソンがナイフでボールを切ってみると、裏側はけば立った黄色の表面でした。切れ目のないボールが一瞬で裏返ったのです。

起こり得ないことが起こる。そのことを目の当たりにする。そのことを何と名付けるか。私たちは奇跡と呼ぶことから抜けられませんが、ワトソンは、それを生命潮流の現れとし、このテニスボールを一種の象徴としました。「生命に対する新しいもうひとつのアプローチの顕現、もうひとつのものの見方」なのです。

ワトソンは、無限に伸縮する空洞の球の証明に成功したフランスの数学者を紹介しています。そしてこの数学者が盲目であったことに、「一種の本来の詩的な正義ともいうべきもの」を感じざるを得ないと述べています。言おうとしていることは、物質を構成する極微の素粒子を扱う量子力学では、客観的な観測はできず、観測する人の望み、つまり主観が観測結果になってしまうということを踏まえて、主観の現実化という詩や芸術の世界の現実とのつながりです。

これまで人間が、そして異能の人が表現し、造ってきたものは、実際に居て、あるのです。居るとは場にあることです。場とはいのちの場です。ふつう、事実とは、因果関係がたどれる証拠があって、かかわる人と直接の関係がなく存在しているものごとを指します。それはいのちの場のなかでの特殊な小さい領域ではないかと思われます。今年は水木しげるの生誕100年の年です、NHKでも特集が組まれましたが、生誕88年記念出版の『屁のような人生』(なんと厚さ4センチ)という漫画が主の本を見ていると、『のんのんばあとオレ』と合わせて、水木しげるが、子どものときから、その世あの世の住民と一緒だったことが伝わってきます。そしてワトソンの言う、いつも不確かなものに触れているコンティンジェントという力を意識していたと思われます。ワトソンはコンティンジェントに独特な意味をこめており、うまい訳語がありません。

プラセボ

人間に、想像力、そして創造力はどのようにして備わったのでしょうか。動物や植物には信じられないような超能力があることが知られています。ライアル・ワトソンは『スーパーネイチュア』という本で、実験で確かめられた、そのような超能力の例をいろいろと紹介しています。人間にそのような超能力が、まったく受け継がれていないとは言えません。そして、その継承のあり方のひとつが想像力、あるいは創造力だと考える可能性はあるかもしれません。

夢を見ることもそのような能力の一種かもしれません。夢を見ることは記憶の整理に関係しているのではないかという説があります。記憶というのがまた難題ですが、歳をとると忘れることが多くなることから記憶も能力であることを改めて思います。自閉症と言われる人たちのなかに、すさまじいとしか言いようのない記憶力の持ち主がいます。記憶がどのように蓄えられているか、現在のところわかっていません。

娘の星子は46歳になりましたが、8歳のときに失明し、言葉も失われました。その娘が眠っているときに、ときどきウフフと笑います。どんな夢を見ているんだろう、と親は互いに尋ね合いますが、なんだか幸せそうです。もうひとつ、朝どきが多いのですが、〈あ〉と〈が〉の間のような声を出しながら、笑うときがあります。眠っているときのウフフとは明らかに違います。可笑しくて可笑しくて、といった感じです。

意識や心の表れや作用について、わたし達はほとんどのことが判っていないのだと思います。神秘という言い方をしますが、医療では、治癒してしまうことが繰り返し起こると、命にかかわることですから、捨ててはおけません。その効果に名前をつけて取り組むことになります。そのひとつにプラセボ効果というのがあります。プラセボは偽薬という意味でプラシーボとも言います。

プラセボの代表的な例は、砂糖であれ片栗粉であれ、薬包紙に包んで、お医者さんにこの薬は効きますからと言われて、服用すると劇的に効く、というものです。お医者さんの顔を見るだけで、症状が軽くなるのもプラセボと言われます。わたしも子どものころ、経験しました。わたしは小児喘息で、小学5年生のとき、連続して学校を3年休んだのですが、その間のことです。ひとりで東大病院に行くのですが、その最中にも発作が起きることがあります。そういう状態で、お医者さんの顔を見ると喘息が楽になるのです。

その先生は若くて、まだインターンではなかったかと思われますが、その後診療所を開かれた後も、通うことはできませんでしたが、時々なんとかして行くと、お顔を見るだけで喘息が楽になったのを覚えています。喘息が軽快したのは、それから5年後くらいに出たプレドニゾロンという副腎皮質ホルモン剤でした。それでも治ったわけでなく、30歳を過ぎても、急に発作を起こして、地下鉄の階段を30分近くかけて上ったことがありました。

ハワード・ブローディの『プラシーボの治癒力――心がつくる体内万能薬』(伊藤はるみ訳、日本教文社、2004)という本があります。そのなかで著者は、「神秘的なものとしてのプラシーボ反応を考える」と言っています。心とからだの複雑なつながりを考えると、畏怖と驚嘆の気持ちを抱き続けることが絶対に必要だから、と言います。プラシーボ反応を、予測可能な、お金を入れると品物が出てくるような自動販売機にするような試みは無意味だと著者は言います。

病いは気からといいます。主として日頃の気の持ちようで、病気にならないという意味です。いま病気と書きましたが、気が病むのです。病いになれば気もふさぐのですが、気がふさぐことで身体が病むということのほうに力点がかかっているのです。気と心はどう違うのでしょうか。少なくとも病気とは言っても病心とは言いません。気は根源的な生命力と説明されることがあります。それに対して心は気の状態の意識への現れと言えます。私たちが日ごろ使っている「気」のつく言葉は本当に多いと思います。

日本では特に気を遣うことが求められます。その場の空気を読むことです。それで気を遣うことにほとほと疲れてしまうことがあります。気が萎えてしまうのです。子どもはいいなあとため息が出てしまいます。そして一方で子どもは未熟だからと思います。大人は深謀遠慮、その場の空気を察して、その場にふさわしい言動をします。日本人のアメリカ好きのひとつにアメリカ人のフランクさ、率直さがあげられることがあります。大統領が日本の総理大臣をすぐ友達呼ばわりをする、外交辞令じゃないかと思いながら、悪い気はしないのです。もちろん日本でも率直さ、開けっぴろげは推奨されるのですが、現実にはそうはいきません。次回、プラセボについて、続けます。

ホメオパシー

プラセボ効果の基本は、お医者さんから、この「薬は効きますよ」と渡された薬を飲むと、見事に効くということです。その薬は砂糖でも小麦粉でもよいのです、いろんなエピソードが蓄積されています。医学部の教授が開発した二日酔いの酔い止めの薬を、その医学部の学生の集団が飲んだところ、効果があったという事例があります。しかしこの薬を厚生省が認可して、売り出されるかというと問題です。やはり副作用はないかとか、誰にでも効くのかなど、確かめないといけません。

効き目の効果を調べるのに、二重盲検テストというのがあります。ある病気に罹っている人たちを二つのグループに分けます。一方のグループには効き目を調べる薬を、他方のグループにはプラセボ（偽薬）を飲んでもらいます。その際に、薬を渡す人が、自分が渡す薬が試験する薬なのか、偽薬なのか、わからないようにします。薬を飲む人も薬を渡す人も、本物か偽物か分からないようにします。このように、二重に分からないという意味で、二重盲検というのです。渡す人が、もし薬か偽薬か知っているとすると、態度に現れるというか、気配がするというか、何かはわかりませんが、飲む人にそのことが伝わってしまうのです。

少し手の込んだやりかたでは、例えばがんにかかった患者さんにデータとかグラフを見てもらいます。そして次のように言います。〈今ここにもっているのは、抗がん剤の偽薬です。そのことを承知の上で飲んでもらった患者さん達の症状の変化が、このグラフです。良くなっていることがわかりますね。この偽薬を試してみようと思いますか〉。と見せられた患者さんが、飲んでみると言って、その偽薬を服用すると、症状が良くなる、というのです。アメリカでは、この種の試みがいろいろとなされています。

もうひとつだけ紹介します。そばに居るだけでいいという例です。初めて子を産む初産婦は出産が近づくと精神が不安定になりがちです。そうした女性のもとへ子どもを産んだことのある経産婦を送るのです。そういう斡旋所がアメリカにあるそうです。派遣された女性は編み物をしたり、本を読んだりしてただ傍に居るだけでいいのです。すると初産婦の不安が和らぎ、お産も軽くなるそうです。すべて手だてを尽くした医師のなすべきことは何か、それは患者のベッドサイドにただ座っていることだという教えがあります。看取りとは看終わることを含んでいるのです。

ホメオパシーという療法があります。プラセボ効果が人間関係に基づくものとすると、ホメオパシーは自分の心のあり方というか、自分の心とつながっている身体の症状を対象にします。例えば花粉症に悩まされているとします。その原因が杉の花粉だとすると、杉の花粉の溶液をろ過した液を途方もなく薄めてゆきます。100分の1に薄める作業を1回とすると、その作業を10回も繰り返します。まったくの水じゃないかと思います。でも花粉症を起こす何かが、スピリット（魂）のようなものが不純物なしに存在しているのです。この水を飲みます。すると、心身にわたって花粉症を抑える機作《きさ》（仕組み）が働いて、花粉症が収まります。ドイツの薬屋さんでは売り場を半分に仕切って、ふつうの薬のほかに、各種のホメオパシー液剤が売られているそうです。

日本ホメオパシー医学会理事長をつとめた帯津良一さんは、東大医学部第三外科の食道がんなどの外科医でした。でも西洋医学に限界を感じて、患者の望むことは何でもやる三敬病院を立ち上げました。ホメオパシーはスパッと効くと言います。私にはわからない何かが働いているのです。私たちもその一員である自然は奥が深いと思います。西欧の17世紀以来の自然科学が成し遂げた自然理解はまだまだ部分的なものだと思われます。しかし環境破壊や核エネルギーの利用と言った面では人類を破滅させる力を持ちました。

私たちはいのちに生きています。いのちと自然、共に奥深く、分からないことの代表のようです。自然を殺す、命を殺す。もっともしてはならないことです。でもいのちは、命ある生き物を殺して食べることによって保たれているのです。ですから食べ物にも感謝と敬意を払い、食べ物以外の殺害については、殺すなかれの倫理を貫こうとします。死刑を実施している国は現在、日本、米国、中国を含めて国連加盟国の3割ほどです。私は死刑に反対です。

未知、不知、非知の区別があります。未知はこれから努力によって知ることができる、不知は知ろうとしても知ることができない、非知は知る知らないを超えた世界やものごとがある、という意味です。私は私自身についてわからないことが多く、それで私自身を問うということを切実な課題としています。

いのちから始まった世界

プラセボ効果やホメオパシーなどの療法は、病から解放されたいという願いと、人の言うことを信じるということに密接に関わっていると思われます。催眠術やマインドコントロールも信じる心がなければ成立しないのでしょう。心はその大方は意識だとされています。意識は生物の進化の過程で発生したという見方が有力ですが、心となると、生物以外のものごとにも宿っているようで、そうすると、魂との関連が出てきます。

世界は〈いのち〉から始まったとします。世界は無から、あるいは混沌から始まったといわれますが、生物は発生したと言えますが、〈いのち〉は発生したと言えず、〈いのち〉の根拠関係は知られないと言われるので、そうすると、世界は〈いのち〉から始まったと言える余地があります。魂とか心もその始まりはわからないので、〈いのち〉と共にと言えるだろうかと思います。

パソコンのグーグルドライブの、あのおなじみの奇妙な三角形は、量子力学には計算不能のところがあると主張する、天才数学者と言われるペンローズの作品です。量子力学は素粒子を研究する物理学ですが、素粒子は点みたいな存在です。点を打つと言えば目に見える点のことです。でも点は大きさも重さもありません。点をつなげると線になるというのですが、考えてみると不思議です。量子論というのは不思議だらけです。計算できないところがあるというのは、数学や物理学をはみ出すことを意味しています。そうすると何でもありという気がしてきます。

20世紀の始まりまでは、ものごとは〈あれかこれか〉の二者択一を決める、が自然科学だったのです。それが光は波であり粒であるということが打ち出されました。言い出したのはアインシュタインです。「いままではあれかこれかだったが、これからはあれもこれもである」。これは量子力学部門でのノーベル賞受賞者の記念講演で言われた言葉です。白であり黒であると言われても、私たちはどんな状態を思い描いたらいいのか、さっぱりわかりません。それで急に飛躍して何を言ってもいいのだなという気になります。

ペンローズは、何を言ってもいいというだけでなく、それなりの理由をつけて、世界の始まりは意識だと言います。意識は心の要素だとすれば、世界は心から始まったと言ってもいいのではないか、という気がします。石の心などと言うと、人間の想像にすぎないといわれそうですが、石が泣くという伝説は日本各地にあります。

何のことを言っているやら、と自分でも思いますが、世界が〈いのち〉から始まったとすると、心は〈いのち〉と共に、あるいは〈いのち〉に先んじて始まったのではないか、と想像します。そして心の一番根底に〈信頼〉があるのではないかと思うのです。〈信頼〉の念は私たち人間に根付いています。そして、根付いているのは人間だけじゃないだろうと考えるのです。

そうであるなら、逆に人間すべてに、どんな悪人だろうと、信ずる心が備わっているはずだと思うのです。信じると信頼は違うではないかと思われますが、悪を信じる、悪に頼るという信頼はないのではないか。〈いのち〉と心は密接に関わっていて、〈いのち〉は悪を宿していません。そして人間だけが不合理な悪がはびこる社会を持っています。権力欲のぶつかり合いと策謀が悪を生み出します。権力と巨大な悪は結びついているかのようですが、やむを得ない悪は普通の人でも犯します。

大岡裁きは、悪を犯した事情を斟酌します。そのような裁きを〈原す〉というのだそうです。〈ゆるす〉と読みます。〈聴す〉も〈ゆるす〉と読むのだそうです。心を開いて相手の言うことを聞くと言えばいいでしょうか。いずれにしても信頼の念が働いています。法制度にも情状酌量があります。死刑は情状酌量の余地なしとした判断です。

　ほんとうにそうでしょうか。どんなに凶悪な犯罪であっても、情状はあります。無いと思われたにしても、時間が経てば新しい観点が見つかるかも知れません。死刑は取り返しのつかない判断です。それゆえ死刑制度を保持しているのは、私たちがよく知っている国では、現在、アメリカと中国と日本のみになっています。この間、死刑囚で認知症になった老人のドキュメンタリーを観ました。自分がどんな事をしたのか、なぜ刑務所にいるかのか、分からないのです。

　悪人正機という言葉があります。どんな極悪人でも悪人こそ救われるという教えです。救われるとは何か、私はいまいち納得していないのですが、悪人正機とは、人は信頼の念を持っている、そして誰にも悪への信頼はないのだ、という意味だと思っています。意識について、大分ずれたようです。この項を続けます。

植物状態と脳死

意識がある、とはふだん思わないのですが、意識がないとなると大ごとです。意識がない状態は昏睡とか植物状態とか脳死と呼ばれます。昏睡はいろんな刺激を与えても反応しない状態です。植物状態は昏睡がずっと続く状態で、23年間植物状態が続いた例がネットに載っています。実は意識はずっとあったのだということが、23年後の理学療法で運動機能がわずかに回復して、パソコンで意志が伝えられるようになってわかったのです。

植物状態は自力で呼吸ができるのですが意志を伝えることができない状態が三か月以上続くことをいいます。脳死は自力呼吸ができない植物状態といえます。意識にかかわる大脳と運動や姿勢にかかわる小脳、それに呼吸にかかわる脳幹の三つが機能を失う状態です。中でも脳幹の働きが失われるだけで死にます。それで英国は脳幹の機能喪失だけで脳死と決めています。

以上述べたようなことは、今ではおおよそのことはみんな知っていることです。でも日本では西欧とちがって、脳死は人の死だということを文句なく認めているわけではありません。脳死の人から臓器を摘出して臓器不全で苦しんでいる人に臓器を提供する、そしてそのことを必須とするのが心臓移植だとする臓器移植法が日本で成立したのは1979年のことでした。

人から心臓を摘出すればその時点で人は死にます。心臓移植には生きている心臓が必要です。脳死状態の心臓提供者の心臓は生きています。しかし提供者から摘出した心臓の鼓動は止まっています。心臓移植は時間との勝負で、心臓移植を受ける患者の心臓を取り出して、そこに移植する心臓を置き、血管を縫い合わせ、そしてその止まっている心臓に電気ショックを与えて鼓動を再開させます。死んでいる心臓では鼓動が蘇ることはありません。摘出した心臓が生きていても運搬中、あるいは縫合中に死んでしまうことが起こり得るのです。まとめますと、移植手術が終わるまで心臓は生きている必要がある、と言うことになります。

さて、問題は脳死の人の心臓は生きているとなると、脳死はあくまで脳の死であって、脳死の人は死んでいるということにはならないんじゃないかという疑問が生じてくることです。脳死の人は汗もかくし、排泄もするのです。

脳死臓器法が成立、施行された13年後、脳死は人の死かという大問題を軸に脳死臨調が議論を始めます。政府から諮問されたこの会は、正式には「臨時脳死及び臓器移植調査会」と言います。その臨調が脳死は人の死ではないという少数意見を記載した報告書を出したのです。脳死は人の死ではないとする委員が複数いて、そして反対意見をまとめ、牽引したのが梅原猛でした。政府への答申で少数意見が併記されるのは異例のことです。

それだけ、脳死はどんな状態なのかわからない、あるいは一歩進んで心臓が働いている限り脳死は人の死とは言えないという委員が多くいて、さらに一般の国民としては脳死の人は死んでいないという感情が強かったということです。欧米の人々と私たち日本人の体と心の捉え方が違っていたとも言えます。欧米では17世紀から18世紀にかけて人間機械論という考えが打ち出されました。人間の身体は機械だ、つまりモノだということです。心、魂はモノではありません。

こういう考え方を心身二元論と言います。それに対して日本は伝統的に心身一元、あるいは心身相関の考えだと言われます。心と身体は密接に結びついていて、身体はモノだとは割り切れないのです。前回、石が泣くという表現を取り上げました。物も純粋に物とは思えないのです。西欧では唯物論の考えがあります。モノしかない、全ては物質であるというのです。

古語辞典などを見ますと、平安時代は心の読み方は、シンのほかにシムがあったとあります。シムは滲みるです。こころは中心であると同時に、滲み出してゆく、滲み渡ってゆくのです。燈心はトウシミと言っていたそうです。今は、身体の中心の臓器が心臓で血管を通じて血液がゆきわたるのですが、昔はこころの居場所の心臓から心が滲みわたってゆくと思われていたのです。心は身体に遍在するというのが心身一体とか心身一如で、爪の垢を煎じて呑めなどはそのことを表しています。爪の垢も身体です。

心は心気であり、魂も精気のひとつと言われます。気となると言葉は山ほどあり、別個に取り上げてみたいと思います。気は形がないので、心もそうだと思うのですが、居場所があるという点では気と違います。この辺で一区切りとしますが、日本では今、脳死は人の死ではない、ということを確認しておきたいと思います。

子どものように問うことの大切さ

　返信49で問学について書きました。終わりに、問学について説明を続けるとしたのですが、そのあと、少し別の話題に移りましたので、今回は問学についての話を続けます。

　お亡くなりになった春原憲一郎さんが15人と対談した『「わからないことは希望なのだ」――新たな文化を切り拓く15人との対話』（アルク、2010）という本があります。15人目の対談者は私でした。あとがきにあたる項の題名を、春原さんは「問学のすすめ」とされました。対談を終えての文で、春原さんは「横浜ホテルニューグランドの中庭には心地よい浜風が吹いていた」と記しました。ほんとうにそうで、今でもその時の気持ちのよさが蘇ってくるようです。対談のなかで問学について、私は次のように言っています。

　希望は、生きがいをもちたいというところにあり、そこから自己を律したり、社会を律したりするのだけれど、生きがいはなかなか探せない、わからないのです。この「わからない」ということの希望を、ぼくは問う学と書いて「問学」と言っています。これは、どんなことを誰が言っても、「どうしてなのよ」って万人が、子どもみたいに問えばいいということです。答えはそう簡単に出ないし、わからなさをもち続けること、結局はどんなことをしてもわからなさが残るのだということ、それを自覚的にしていくのが学問のあり方なのだ、ということです。

そして問いに包まれるという意味で「霧が光る」という表現を得たときの話を続いてしました。

霧は「五里霧中」というような不安の象徴なんだけど、その霧の一粒一粒が発光しているような「霧が光る」状態が、包摂としてのクエスチョンというか、問いに包まれた世界です。ぼくの好きなことばで、昭和11年ころの中原中也の死ぬ直前くらいの作品に「目的もない僕ながら、希望は胸に高鳴っていた」というのがあるんですが、そういう、「目的はないけど希望はある」みたいな世界なんですよ。

それは何だろうと問うことを〈問い〉というひと言で表すと、問いは、乳白色の霧の中で、ところどころ光るような霧の一粒みたいで、なにか希望をはらんでいるようだと思われるのです。問いが全部なくなった世界を想像すると、なんだか明るくはないような感じがします。問うことができる、わからないことがいっぱいある世界は明るいのではないかと思うのです。常識とは反対のことを言っているようですが、重度障害の娘、星子と暮らすうちに世界の見方が変わってきたという実感があります。

この世、その世、あの世と言います、あの世は死後の世界です。その世とは、いろいろ考えがあるでしょうが、この世とはちがう、もうひとつの世界です。水俣病の発症の地の水俣が位置する不知火海沿岸の風土について、それはもう沢山の作品を生み出した、石牟礼道子さんは、水俣病に罹った人たちの世界を、もうひとつの〈その世〉と言い表しました。〈水俣病になってよかった〉という、不治の病いの水俣病罹災者の言葉が、生きる根本となっているような世界です。〈のさり〉に感謝して生きる世界です。

〈のさり〉とは、私はちゃんとわかっているとは言えないのですが、海の恵み、そして海とつながっている天からの授けもののことです。この世での石牟礼さんの悲痛の極致のような表現に「祈るべき天と思えど天の病む」があります。海と天はつながっているのです。水俣病は不治の病いです。絶えず頭痛に悩まされたり、足がつったりする人たちがいます。私はかつて水俣やその北の葦北、そして天草の御所浦島に何度か通いました。

その御所浦島の旅館の女将さんに話を聞いたとき、女将さんが「いま震えが止まらないのです」と言いました。見たところ震えていません。水俣病の調査にあたった熊本大の医師団は、水俣病患者には芝居がかった大げさな身ぶりや虚言癖が多いとしました。御所浦の女将さんもそのひとりにされたのです。他人にはわからない、この震えは水俣病による心因性の症候のひとつです。お金欲しさに漁民は嘘をつくと、大手の週刊誌も被害者たたきをしました。当然ながら魚を多食する漁民に水俣病の被害者が多く出たのです。

その世はあの世と違って、この世にはめ込まれた、国家や抑圧する権力がない世の中です。星子と3人暮らしの私たちの生活にも、ときおりと言うかしばしば訪れる、穏やかで平安な暮らしです。問学について、わからないという思いから出てくるもの、と言うお話になりました。わからないという世界には制約のない自由があります。問うことがない全能の神はさぞ退屈だろうと思ったりします。

悟りの境地

悟るとはどういう状態なのか、考えてもわかりません。たぶん、平静に心が波立つことのない日々を送ることなのかと思ったりします。でもそれでは生きているということにはならないんじゃないか、平穏な暮らしは、喜びも哀しみも笑いも怒りも、ある小さな範囲に収まっているという感じがしますが、平静というと、出来事について無関心な様子を思わせます。

悟りとは悟らず悟る悟りにて悟る悟りは夢の悟りぞ

という詠み人しらずの歌があります。私の名前が7回も出てくるなあ、という感じで覚えているものです。わかった！と同じで、悟った！という、快哉だか歓喜だか、いやそういう表現は不謹慎で、沈潜する深い心構えとでもいうのでしょうか、それまでの自分とは違う新しい自分になったという自覚は、夢の中のことだ、とこの歌は突き放しています。

悟りの境地は、自分ではわからない自分の変化だというのですが、そうすると、周りの人たちの態度の変化で、ああ、私は悟ったらしいと気づくのでしょうか。それにしても厳しい修行を重ねた結果です。6世紀前半の達磨大師は坐禅を9年間続けて手足が腐ってしまったという伝説があります。それで置物というか縁起物のダルマさんができたそうです。坐禅は身体を動かさず何も考えないという修行です。長時間、頭を空っぽにする、とうてい出来そうにありません。頭を空っぽにすると、一切は空、という思いに至る、語呂合わせみたいな感想で申し訳ないことですが。

悟りは凡人には縁のないことのように思われますが、信じることのひとつだとすると、私たちみんなにかかわってきます。これまでプラシーボ（偽薬）やマインドコントロール（洗脳）のことを取り上げましたが、やはり信じる能力に訴えるものでした。何かについての説、あるいはそれを説く人を信じることは、私たちが持つ良き能力だと思います。ただ、信じる中身・対象が私たちの日常とはケタの外れたものだとすると、それは極めて抽象的で、それを説く人もなにかレベルが違う偉い人のように思えます。その人のことを〈あなた〉と言ってみます。あなたは二人称なのですが、日常ではあまり使いません。尊敬しているという意味で使うと、とんでもなく失礼になることがあるからです。上司をあなたとは呼べません。

英語では二人称は〈ｙｏｕ〉です。その日本語訳は場合に応じて多彩ですが、一般を意識してひとつ選べと言われたら〈あなた〉になるかと思います。丁寧な言い方で、よそよそしい言い方ですが、一応あなたはｙｏｕで私と対等な言い方とします。もうひとつ、相手が人でない場合でも、あなたと呼ぶことにします。ミミズでも石でも波頭でもあなたと呼ぶことにします。それじゃ感情がこもることになる、と言われそうですが、使う時は一緒に居る場合とか、共に居る場を思っていると受け取ってください。

さて、信じる対象やそれを信じませんか、と勧める人をあなたと呼ぶことはできません。対等ではないからです。宗教上の神や仏をあなたとは呼べませんし、神や仏を説く人もあなたとは言えません。神や仏は超越しているからです。神や仏を信じるように説く人は超越ということがわかっているんだと思われるからです。超越とは共に居る場から遠く離れているということです。

私は超越ということがよくわかりません。それなりの努力はしてきましたが、心に沁みるのに必要な体験がないからかもしれません。それで、同じ場に居るあなたと私は対等なのだ、という意味がくっついている〈あなた〉としてあなたを使いたいと思います。そうすると、あなたと〈あなたのあなた〉も対等ということになります。〈あなたのあなた〉は私のことです。

森有正という哲学者は、日本人のマイナスの特性として、〈あなたのあなたとしての私〉を挙げました。例として、あなたが父親とか校長先生とか村長さんを挙げました。私はそういう権威のある人の言説に振り回されて、首尾一貫した人間になれないというのです。昨日イエスと言ったことに今日はノーというようでは外国から信用されないとします。

たしかに権威のある人の言動にいつも従って、態度や意見を変えるのは良くありません。でも私たちは日常の暮らしでは、そのときどきの情況に応じた判断をします。欧米では、それは女性の仕方であって、男は終始一貫バックボーンに基づく言動をするとされています。ホントかなと思いますが、私たちは女も男も柔軟に協調し、和を保っていると言えれば、いいと思います。

あなたとあなたのあなたは対等で、それで信頼は相身互いの互換性、互酬性を帯びることについて、やっと話せそうになってきました。次の回に続けます。

二者性の思想

信じるということは、この世ではない超越した神や仏についての、私たち人間の心情の根本の表現です。それに対して、信頼はこの世での、あなたと私が共に居ることの、基本的な心情です。あなたは私が立てる存在で、同時に盾る存在であります。盾るとは、聞きなれないでしょうが、あなたを盾として私を守ってもらう、あるいは、風よけになってもらう、というような意味だと受け取って下さい。

私はあなたを決して軽んじないけれど、そうするのは、同時にあなたが私を、意識せずに守ってくれているからだと思うところがあるからです。そして私はあなたのあなたであるという哲学者森有正の言い方を紹介しました。私が立てるあなたが、私をあなたと見なしてくれる。それはあなたと私が互酬性のもとにあるということを意味していくれるのです。わたしがあなたを立て、そしてあなたが私を立ててくれるのです。

いのちは〈共に生きる〉という属性を持っています。属性とは本質のひとつの表れです。ですから、ある物事の属性はいくつもあることになります。いのちの属性として〈共生〉はとりわけ大事な属性です。〈共生〉の単位というか、出発は〈二〉です。ヒキガエルは普通は一匹で生きていますが、春の交尾シーズンになると集まってきます。そしてメスとオスが交尾をして次世代を残します。

ダーウィンの『種の起源』は、種とは他の種と交尾をせず同一の種内で交尾してその存続を図るとして、その出発について書こうとしたものです。種の出発は〈一〉でしょうか、〈二〉でしょうか、それとも〈多数〉でしょうか。今西錦司という、90歳で亡くなられた高名な生態学者がいます。登山家としても霊長類研究の始祖としても名が知られています。その今西が新たな種の出現について、いちどきにワッと出るのだ、という表現を使いました。種の進化は一個体からではなく、種全体が一斉に変わるのだというのです。ダーウィンの、種の進化は一個体から、とは真っ向からぶつかります。

有性生殖ではオスとメスが必要です。ミミズは雌雄同体なのですが、生殖には他個体が必要です。そういうことも加味して、新しい種の始まりには、種全体が新しい種に変わるか、最低二個体が変わるか、というようなことが考えられます。一個体という主張には、いろいろな理由があるのでしょうが、私たちが知っている動物では、新しい種が存続するためには、スタートはオスとメスの二個体が必要ではないか、と思うのです。〈共に生きる〉は〈二〉から始まる、という言い方は、オスとメスの〈二〉も含めて、共生には関係性が必須で、或るものと或るものが関係を結んでいるということを表しています。〈二〉は〈…と…〉ということになります。共生は関係がまだない〈一〉からでなく、関係がある〈二〉から始まるのです。私は〈あなたとわたし〉を基にした共生体です。私は個人という〈一〉なる存在ではありません。共に生きる〈二〉という関係存在で、私はひとりだという、しばしばやってくる思いも、あくまで関係存在という土台の上の考えです。こういう〈二〉をこれから二者性と呼ぶことにします。

西欧の旧約聖書では、最初の人アダムは神によって創造され、次にアダムの肋骨からイヴが創られたとあります。イヴは〈一〉からの〈一〉です。神とアダムは二者性ではないかという思いがしますが、神はゴッドで、異次元の絶対者であり、人を含めた全ての創造者です。創る神と創られた被造物のアダムは次元の違う〈一〉と〈一〉で、〈二〉にはなりません。ゴッドはもともと〈一〉なのですが、日本の神は八百万《やおよろず》の神々と言い、森羅万象に宿っています。日本の神をゴッドと訳したのはまずかった、で始まる本もあります（鹿嶋春平太『神とゴッドはどう違うか』）。

いのちは〈共に生きる〉という属性をもっている、ということから関係性が浮かび上がり、その始まり〈二〉を二者性と呼ぶことにしました。私という存在を軸にすると、二者性は〈あなたと私〉ということになります。〈あなた〉は人であることから始まってゴキブリもミミズもサクラもイシコロもウミもヤマもナミガシラも、そして森羅万象に及びます。

そういうあなたを、わたしは先頭に立てて、そして守ってもらいます。同時にあなたは、あなたと呼ぶ私を立て、自分を守る盾としています。お互いが頼り頼られています。このこと、つまり頼り頼られるはひとつのことだ、という受け止め方を信頼と呼びます。神・ゴッドは信じるしかありませんが、人を含めた森羅万象は信頼できるのです。明恵上人の「月を見る我が月になり、我に見られる月が我になる」を思います。

個人の概念がない日本

個人という言葉は、今はふつうに使っています。いかめしい感じも重々しいひびきも感じられません。それがいいことかというと、すぐにそうだとも言えません。じゃあ悪いかと言えば、これまたそうだとも言えません。翻訳した英語のもつ意味が日本人にとって、特別な意味合いをもっているのでなく、ふつうに受け止められるようになった、ということであれば、ひとまず、いいと言えます。でもその意味が抜け落ちて、ひとりの人を指す言葉になっているとすればいいとは言えません。

西欧の社会は、個人で成り立っています。個人は自由であり、かつ責任存在です。そして責任は義務が伴います。この責任ということが、私たち日本人には身に付けようとして、なかなか付けられないものなのです。私たちは、なにか不祥事が起こると、責任を取る、取らないの問題にぶつかります。そしていわゆる責任者が責任を取ってその職を辞めます。場合によっては、自殺します。

組織の長が責任を取る場合は、責任はその職にあると見なされて、その職を辞めれば、責任を取ったことになるのです。自殺の場合は、松本清張の小説の下地のような、中間管理職が責任を負わされて、世間やその組織に迷惑をかけたと、謝罪をあらわす自死ということが起こります。そういう場合、家族の面倒はちゃんとするから、組織のために死んでくれと説得されたりします。今では、さすがに情にからめた、このような義理と人情の浪花節的な処理は見られないと思うのですが、終身雇用という親方日の丸の時代にはさもありなんという思いがします。

個人の責任は、自己の責任と言い換えられますが、「の」が取れて自己責任となると、なにかカセのようになって、自縄自縛といった身動きのできない状態になる意味合いが出てきます。なにか率先してやろうという気になったときに、自己責任だからね、と言われると、風船がしぼむみたいに気が萎えてしまいます。地域の活動を始めとして、ボランティアの意欲に大きな影響を与えています。近所の公園に、自己責任で遊びましょうという張り紙が出たこともあります。

西欧の個人の自由と責任は、神の前にひとり立つという意識が大きな前提になっています。神の前で恥じることがない、と言い換えられますが、なかなかそうはいきません。

それでカトリックには告解という悔い改めの機会が与えられていて、自分はこれこれの悪いことをしてしまいましたと神父さんに打ち明けるのです。

責任とは英語でリスポンシビリティと言います。リスポンスは〈応答〉、イビリティは〈することができる〉という意味です。神の前にひとり立って神の問いに答える義務があるというのです。この義務を果たしているという自覚のもとに、神よ助けたまえと言えるのです。たとえば戦争の困難な局面で、神の御加護を、と祈ることができるのは、自分は正しいことをしているという確信を前提にしているのです。

西欧では、法は自然法に基づくと言われます。自然法とは何か、私にはよくわかりません。でも自然法をたどると、神が定めたということに行き着きます。神の問いかけに応えるとは、自分が、法の精神に照らして、間違っていないかどうかを問うことです。そして間違っていると言えるでしょうか。言えません。そのために前もって、自分はこれこれの罪を犯した、反省していると、教会で打ち明けておくことが必要なのです。

私たちは、法の精神といったことはあまり考えません。神の前で問われるということも想像しないと思います。良心にもとるとは思います。でも日常では、ふつう気が咎めるといった程度です。法律に違反する場合は、違反する理由が、それぞれの場合にあって、仕方がないとか、法律が悪いと思うことが多々あります。

私たちは、普遍的で絶対の法という概念になじみません。というより、その時々の情況に応じて物事は変わる、あるいは変えるという相対の立場にたっているので、水と油の関係のようだと思うからです。もちろん私たちには掟があります。でもその掟を破らないで、なんとか事態を収拾しようとします。大岡裁きがそうです。知恵を絞って、なんとか罪を軽くしようとします。現在日本には死刑があります。死刑は取り返しのつかない処置です。名の知れた国で死刑制度があるのはアメリカを含めてごく少数です。日本はそのひとつの国です。なぜそうなのか、改めて書く機会があればと思います。ちなみに前に書きましたように、私は死刑には反対です。

個人は責任・義務に加えて、というか、対応する権利を持っています。権利もまた翻訳するのに難しく、従って身につくのは容易なことではない考えです。

責任を負い続けること

信頼するということから個人の話になりました。個人は関係よりも存在が先だつ独立不羈《ふき》の存在です。関係は二の次といったら誤解を招くかもしれません。創造主が個人を創ったという原関係があります。でも、この原関係は創造物同士の関係とは次元が違います。人同士の関係といえば、旧約聖書ではアダムの肋骨から創られたイヴをもって、初めて成立したといえます。アダムという存在に続いて、イヴという存在が出現して、はじめて二人の関係が生じたのです。

今は21世紀です。世紀元年はイエス・キリストが生まれた年として設定されています。私たちもこの表記をずいぶん使うようになってきましたが、公式には天皇の即位の際の年号が使われます。私（昭和11年、1936年生まれ）の世代は、国民学校で神武天皇から始まる年号の暗記が必須でした。3年生の夏、初めて天皇の声を聞きました。やっぱり、なんだか人間の声じゃないみたいでした。

やっぱりというのは、天皇は、現人神という言い方は、たぶん知らなかったと思うのですが、人間は人間だけど普通の人間じゃないとは思っていたので、そういう思いがしたのだと思います。言っていることは分からなかったけれど、母親の態度から戦争に負けたのだとわかりました。母親が何と言ったのか、戦争が終わった、と言ったのか記憶にありません。臥薪嘗胆、という言葉は知りませんでしたが、そのような感じで、鬼畜米英をやっつけるのだと思ったことは確かです。

その後、戦争に負けたのか、戦争は終わったのか、どっちなのか、という思いがずっとついて回りました。そして日本中が、敗戦でなく終戦という言葉で蔽われていくのはごまかしではなく、日本人の事態認識の表れと、次第に思うようになりました。戦争を始めた、そして負けたではなく、戦争が始まった、そして終わったのです。

そう思うようになったきっかけは、４人の子どもの末っ子に、ダウン症の娘が生まれたことでした。〈生まれた〉という思いを強くしました。わたしたち夫婦が〈産んだ〉のでなく、〈生まれた〉のです。ほかの子どもたちのときも〈生まれた〉と思っていたのでしょうが、そのことを強く意識することはありませんでした。末娘、星子の場合は、〈やってきた〉という思いが強かったことが〈生まれた〉という意識をピン止めしたのかもしれません。

星子の誕生を契機として、戦争が〈終わった〉という言い方は日本人の実感なのだと思うようになりました。それでも退却を転進とした言い換えは卑怯だ、という思いは残りました。その関連で言うと、昭和16年12月の開戦から、6か月後の昭和17年6月のミッドウェー海戦で、日本はほぼ敗北したことを国民は知らされませんでした。大本営発表は嘘を言い続けたのです。ミッドウェー海戦後、昭和20年8月までの3年と2カ月、軍部に騙され続けたという思いがあります。もう少し早く戦争を終わりにすれば、広島・長崎の原爆はなかったかも知れません。

そう思う一方で、どんな出来事にしても、それは万象絡まり合っての結果なので、そこにどのような人為のかかわりがあっても、それは、そのことが起きたことの主要な原因にならないという感じがします。そもそも、どのような人為でも万象の網の目が絡み合っているのです。たしかに、人間は自分のやったことに責任があります。しかしやったことの責任をとるということは、おこがましいのではないか、という思いが、私たち日本人には思い浮かぶのではないでしょうか。

「責任はある」と「責任をとる」とは別のことです。自分がしたことに責任はあるということは、その責任を負い続けることを意味します。前にも述べましたが、私は死刑に反対です。どうしてそうかというと、それは、他者が法の下に、罪を犯した人がその責任を負い続けることを中断させてしまうからです。まして、冤罪の人を死刑にするのは殺人です。さらに言えば、殺人を犯した人が死罪を認めるのは、自分の責任を放棄することだと思います。

西欧の創造主が生み出したアダムとイヴの存在とその関係の話から、イエスが生まれた年が世紀の始まりだということ、日本の年号に移って、昭和20年の〈終戦〉という言い方に対する違和感の話になりました。いいとか悪いとかいう問題ではなく、私たちの心根には〈なりゆき〉が横たわっています。そして一方では、〈個人〉に憧れています。ただ、個人というと、すぐに〈自己中〉が浮かんできます。義務と責任感がうすいエゴイストです。私たちの身についた〈全てはなりゆく〉では、未来がかすんで、その日暮らしの考えに傾きます。晩年の夏目漱石が唱えた「則天去私」という言葉が、日本人の精神の志向を端的にあらわしているように思えます。

最首悟（さいしゅ・さとる）

1936年（昭和11年）、福島県出身。東京大学大学院理学系研究科動物学専攻博士課程中退。東京大学教養学部助手を27年務め、和光大学人間関係学部教授（環境哲学）、人間関係学部学部長を経て、現在和光大学名誉教授。元全共闘活動家。駿台予備校講師としても活動。第一次不知火海総合学術調査団に参加、第二次調査団団長。専門は社会学、生物学。ダウン症で知的障害がある三女星子さんと暮らす。横浜市内で精神障害者通所施設や作業所の運営に携わる。「障害児を普通学校へ・全国連絡会」世話人。神奈川新聞社のニュースサイト『カナロコ』にて、津久井やまゆり園事件の犯人・植松聖死刑囚宛ての手紙としてコラムを連載。
主な著作として、『生あるものは皆この海に染まり』（新曜社）、『明日もまた今日のごとく』（どうぶつ社）、『半生の思想』（河合文化教育研究所）、『星子が居る』（世織書房）、『「痞」という病いからの』（どうぶつ社）、『水俣五〇年』（作品社、丹波博紀と共著）など。

いのちの言の葉
やまゆり園事件・植松聖死刑囚へ
生きる意味を問い続けた60通

2023年11月15日　第1刷発行

著者　最首　悟
発行者　小林公二
発行所　株式会社 春秋社
〒101-0021 東京都千代田区外神田2-18-6
電話 03-3255-9611
振替 00180-6-24861
https://www.shunjusha.co.jp/
印刷・製本　萩原印刷 株式会社
装丁　芦澤泰偉
本文デザイン　内田晶子
編集協力　石井強詞

Copyright © 2023 by Satoru Saishu
Printed in Japan, Shunjusha
ISBN978-4-393-33401-0
定価はカバー等に表示してあります